「日本語能力試験」対策

日本語総まとめ N3

NIHONGO SO-MATOME

佐々木仁子
松本紀子

聴解

ちょうかい

聴解 Listening Comprehension 听解 청해

ask PUBLISHING

この本で使用しているマーク

マーク	意味
CD 1 45	CD 1のトラック45を聞いてください
↔	反対の意味
!	注意しましょう
☞ p. X	Xページを見てください
＿＿＿(=○○○)	○○○は下線部の言い換え

はじめに

この本は
- ▶ 新しい「日本語能力試験」N3合格を目指す人
- ▶ 初級を終えて、中級に進むための力をつけたい人
- ▶ 日常的な話が聞き取れるようになりたい人

のための学習書です。

◆この本の特長◆

- ・第1章では、聞き取りの練習をするときに、間違いやすい発音や文法などの基本的な練習をします。少し長い話を聞く前の準備になります。
- ・第2章では、新しい「日本語能力試験」の問題パターンについて、例をあげて解説してあります。練習問題を解きながらパターンに慣れましょう。
- ・第3章と第4章では、いろいろな場面や内容について、日常生活でよく聞く表現を覚えましょう。
- ・各章の「まとめ問題」で理解の確認ができます。
- ・第5章の「総まとめ問題」は模擬テストのつもりでやってみましょう。
- ・難しいところに英語・中国語・韓国語の訳がついているので、一人でも勉強できます。

では、楽しく勉強しましょう！

2011年8月

佐々木仁子・松本紀子

This book is a learning tool that targets:
▶ Individuals aiming to pass Level 3 of the new Japanese-Language Proficiency Test (JLPT).
▶ Individuals that have mastered the basics and want to take the next step towards intermediate Japanese.
▶ Individuals seeking to understand everyday conversation.

Main features of this book
· The first chapter of this book serves as stepping stone designed to sharpen your listening comprehension and help you tackle longer passages. It covers words and sounds that are often mispronounced and introduces fundamental items of grammar.
· The second chapter describes the different question patterns that appear on the new JLPT. Work your way through the practice questions and master each pattern.
· The third and fourth chapters cover different situations and contexts designed to help you learn the words and expressions commonly used in everyday life.
· The section "Review Drills" at the end of each chapter lets you gauge how well you understand the material.
· The "Comprehensive Review" in the last chapter simulates the actual JLPT. Practice answering all the questions to see if you're ready to take on the real test!
· This book provides added explanations in English, Chinese, and Korean for words and concepts that are difficult to understand, making it the perfect companion for independent study!
Best of luck in your studies!

本书是针对以下各为朋友而专门编写的学习辅导书。
▶决心考取新"日语能力考试"N3资格的朋友。
▶已达到初级水平，并希望掌握中级能力水平的朋友。
▶想要听懂日语日常会话的朋友。

本书的特色
· 第1章，练习听力时，着重练习容易出错的发音或语法等基础内容。为听懂稍长的内容做好基础准备。
· 第2章，针对新"日语能力考试"的问题形式，举例进行解说。在解答习题的同时逐渐习惯出题形式。
· 第3章及第4章，通过理解各种场景和会话内容，牢记日常生活中常用的表达方式。
· 可通过各章中的《小结练习题》对自己的理解程度进行确认。
· 第5章的《综合练习题》可作为模拟考试题进行自我测试。
· 较难的句子附有英语、汉语、韩语的译文，易于自学。
好吧，让我们开始轻松愉快地学习吧！

이 책은　다음과 같은 사람을 위한 학습서 입니다.
▶ 새로운「일본어 능력 시험」N3 의 합격을 목표로 공부하고 있는 사람
▶ 초급을 마치고, 중급에 진급하기 위해 실력을 쌓고 싶은 사람
▶ 일상적인 회화를 듣고 이해할 수 있게 되고 싶은 사람

이 책의 특징
· 제 1 장 에서는, 청취 연습을 할 때, 틀리기 쉬운 발음이나 문법 등 기본적인 연습을 합니다.
· 조금 긴 회화를 듣기 전의 준비연습이 됩니다.
· 제 2 장에서는, 새로운「일본어 능력 시험」문제 형식에 대해, 예를 들어 설명하고 있습니다.
· 연습 문제를 풀면서 문제 패턴에 익숙해지도록 합시다.
· 제 3 장과 제 4 장에서는 여러 장소나 내용에 대해 일상생활에서 자주 듣는 표현을 외웁시다.
· 각 장의「정리 문제」로 이해했는지 확인할 수 있습니다.
· 제 5 장「총정리 문제」는 모의 테스트로 생각하고 풀어봅시다.
· 어려운 곳은 영어 · 중국어 · 한국어로 번역되어 있으니 혼자서도 공부할 수 있습니다.
그럼, 즐겁게 공부합시다!

目次

新しい「日本語能力試験」N3について

About the New Japanese Language Proficiency Test (JLPT) Level N3　关于新"日语能力考试"N3　신「일본어 능력 시험」N3 에 대해서

※この内容は、『新しい「日本語能力試験」ガイドブック概要版と問題例集 N1, N2, N3 編』（独立行政法人国際交流基金、財団法人 日本国際教育支援協会）の情報をもとに作成しています。

試験日

年２回（７月と 12 月の初旬の日曜日）

※海外では、試験が年１回の都市があります。

レベルと認定の目安

レベルが４段階（１級〜４級）から５段階（N1 〜 N5）になりました。

２級
３級
→
N3　旧試験の２級と３級の間のレベル

N3 の認定の目安は、「日常的な場面で使われる日本語をある程度理解することができる」です。

試験科目と試験時間

N3	言語知識（文字・語彙）	言語知識（文法）・読解	聴解
	（30 分）	（70 分）	（40 分）

合否の判定

「得点区分別得点」と、それらを合計した「総合得点」の二つで合否判定を行います。得点区分ごとに基準点が設けられており、一つでも基準点に達していない場合は、総合得点が高くても不合格になります。

得点区分

N3	言語知識（文字・語彙・文法）	読解	聴解
0 〜 180 点	0 〜 60 点	0 〜 60 点	0 〜 60 点

総合得点　　得点の範囲

N3「聴解」の問題構成と問題形式

大問		小問数	ねらい
課題理解	◇	6	まとまりのあるテキストを聞いて、内容が理解できるかどうかを問う（具体的な課題解決に必要な情報を聞き取り、次に何をするのが適当か理解できるかを問う）
ポイント理解	◇	6	まとまりのあるテキストを聞いて、内容が理解できるかどうかを問う（事前に示されている聞くべきことをふまえ、ポイントを絞って聞くことができるかを問う）
概要理解	◇	3	まとまりのあるテキストを聞いて、内容が理解できるかどうかを問う（テキスト全体から話者の意図や主張などが理解できるかを問う）
発話表現	◆	4	イラストを見ながら、状況説明を聞いて、適切な発話が選択できるかを問う
即時応答	◆	9	質問などの短い発話を聞いて、適切な応答ができるかを問う

◇旧試験の問題形式を引き継いでいるが、形式に部分的な変更があるもの
◆旧試験では出題されなかった新しい問題形式のもの

試験日、実施地、出願の手続きのしかたなど、新しい「日本語能力試験」の詳しい情報は、日本語能力試験のホームページ https://www.jlpt.jp をご参照ください。

この本の使い方

How to use this book　本书的使用方法　이 책의 사용법

◆本書は、第１章から第５章まであります。短い文の聞き取り練習、問題パターン別の練習、場面別、内容別の聞き取り練習で基礎固めをして、最後の総まとめ問題で聴解対策の仕上げができます。

This book is divided into five chapters. In these chapters you will practice understanding short passages, learn to recognize the question patterns on the test, and improve your listening comprehension of different situations and contexts. After mastering the fundamentals, you can reinforce your listening skills by working through the comprehensive review at the end of the book.

本书从第 1 章到第 5 章循序渐进，分别通过短句的听力练习、不同问题形式的练习、不同场景与内容的听力练习巩固基础，再通过最后的综合练习题提高听解的综合能力。

본 책은 제 1 장부터 제 5 장까지 있습니다 . 짧은 문장의 듣기 연습 , 문제 패턴별 연습 , 장면 및 내용별 듣기 연습으로 기초를 닦고 , 마지막의 총정리 문제로 청해 시험 대책의 마무리를 할 수 있습니다 .

第1章

◇このページの重要ポイントです。最初に読みましょう。

The main points of this page are listed here. Make sure to read these points first.

本页的要点，应首先仔细阅读。

이 페이지의 중요 포인트입니다 . 가장 처음에 읽읍시다 .

◇それぞれ短い文や会話で聞き取る練習をします。

This page contains listening exercises designed to improve your understanding of short passages and conversations.

通过各种短句及会话练习听力。

각각 짧은 문장이나 회화로 듣기 연습을 합니다 .

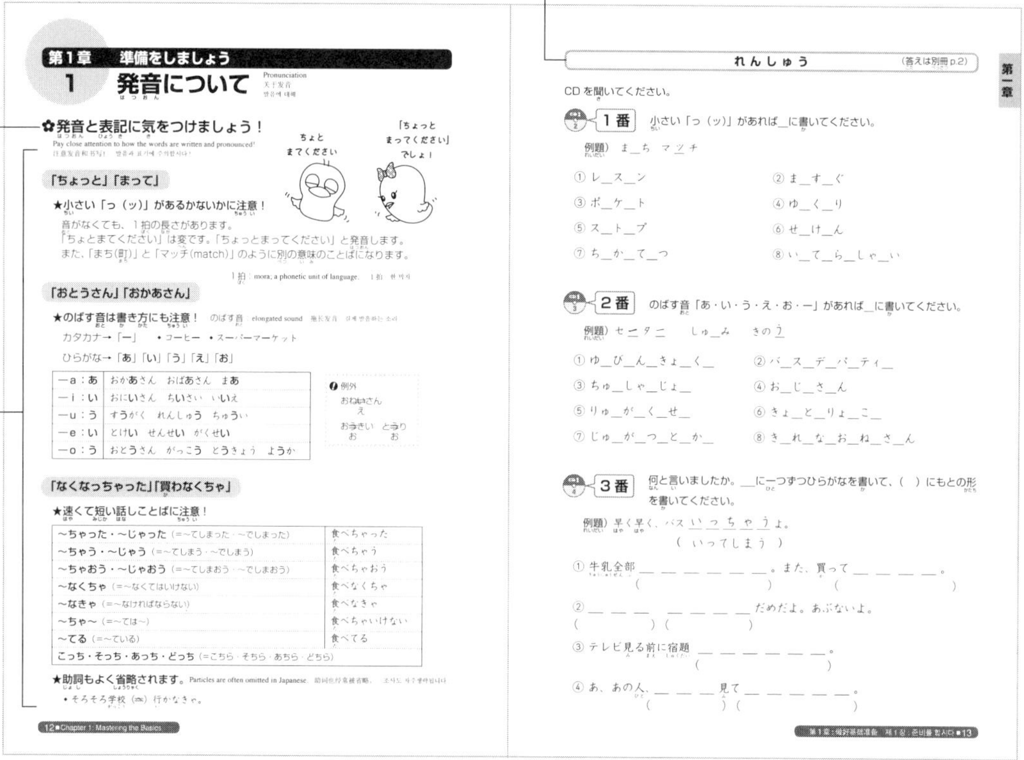

第1章　準備をしましょう

1　発音について　Pronunciation

✿発音と表記に気をつけましょう！

Pay close attention to how the words are written and pronounced!

「ちょっと」「まって」

★小さい「っ（ッ）」があるかないかに注意！

音がなくても、１拍の長さがあります。

「ちょとまてください」は変です。「ちょっとまってください」と発音します。

また、「まち(町)」と「マッチ(match)」のように別の意味のことばになります。

１拍：mora; a phonetic unit of language.

「おとうさん」「おかあさん」

★のばす音は書き方にも注意！　のばす音：elongated sound

カタカナ→「ー」　・コーヒー　・スーパーマーケット

ひらがな→「あ」「い」「う」「え」「お」

ーa：あ	おかあさん　おばあさん　まあ
ーi：い	おにいさん　ちいさい　いいえ
ーu：う	すうがく　れんしゅう　ちゅうい
ーe：い	とけい　せんせい　がくせい
ーo：う	おとうさん　がっこう　とうきょう　ようか

例外：おねいさん（え）　おうきい（お）　とうり（お）

「なくなっちゃった」「買わなくちゃ」

★速くて短い話しことばに注意！

～ちゃった・～じゃった（=～てしまった・～でしまった）	食べちゃった
～ちゃう・～じゃう（=～てしまう・～でしまう）	食べちゃう
～ちゃおう・～じゃおう（=～てしまおう・～でしまおう）	食べちゃおう
～なくちゃ（=～なくてはいけない）	食べなくちゃ
～なきゃ（=～なければならない）	食べなきゃ
～ちゃ～（=～ては～）	食べちゃいけない
～てる（=～ている）	食べてる
こっち・そっち・あっち・どっち（=こちら・そちら・あちら・どちら）	

★助詞もよく省略されます。Particles are often omitted in Japanese.

・そろそろ学校（へ）行かなきゃ。

れんしゅう　（答えは別冊 p.2）

CD を聞いてください。

1番　小さい「っ（ッ）」があれば＿に書いてください。

例題）ま＿ち　マッチ

① レ＿ス＿ン　② ま＿す＿ぐ

③ ポ＿ケ＿ト　④ ゆ＿く＿り

⑤ ス＿ト＿プ　⑥ せ＿け＿ん

⑦ ち＿か＿て＿つ　⑧ い＿て＿ら＿しゃ＿い

2番　のばす音「あ・い・う・え・お・ー」があれば＿に書いてください。

例題）セーターー　しゅ＿み　きのう

① ゆ＿び＿ん＿きょ＿く＿　② バ＿ス＿デ＿パ＿ティ＿

③ ちゅ＿しゃ＿じょ＿　④ お＿じ＿さ＿ん

⑤ りゅ＿が＿く＿せ＿　⑥ きょ＿と＿りょ＿こ＿

⑦ じゅ＿が＿つ＿と＿か＿　⑧ き＿れ＿な＿お＿ね＿さ＿ん

3番　何と言いましたか。＿に一つずつひらがなを書いて、（　）にもとの形を書いてください。

例題）早く早く、バスいっちゃうよ。（いってしまう）

① 牛乳全部＿＿＿＿＿＿。また、買って＿＿＿＿。（　）（　）

② ＿＿＿　＿＿＿＿だめだよ。あぶないよ。（　）（　）

③ テレビ見る前に宿題＿＿＿＿＿＿。（　）

④ あ、あの人、＿＿＿見て＿＿＿＿＿。（　）（　）

◇間違いやすい発音や、受身、敬語などの難しい文法などに絞って、注意すべき項目を学びます。

Key items to be learned are listed here, such as the passive voice, keigo (polite expressions), difficult grammar concepts, and easily mispronounced sounds.

着重学习容易出错的发音或被动、敬语等较难的语法，掌握应注意的项目。

틀리기 쉬운 발음이나 수동태 , 존경어 등 어려운 문법을 골라 , 주의해야 하는 항목을 학습합니다 .

◇問題用紙に選択肢が印刷されているかいないか、説明や質問が事前にあるかないかなど、問題の流れとポイントを確認できます。

This section introduces the main points of each question pattern and describes the basic flow, such as whether the answers are printed on the question sheet and if an explanation or question is read beforehand.

问题考卷中是否印有答案选项、是否事先有说明或提问，可通过这些确认问题的前后关系及要点。

문제 용지에 선택지가 인쇄되어 있는지, 설명이나 질문이 사전에 있는지 없는지 등, 문제의 흐름과 요점을 확인할 수 있습니다.

◇注意すべき表現や、解くときのポイントを押さえましょう。

Memorize key expressions and pick up useful tips for answering the different questions.

应抓住需要注意的表达方式及解答的要点。

주의해야 하는 표현이나 문제를 풀 때의 요점을 파악합시다.

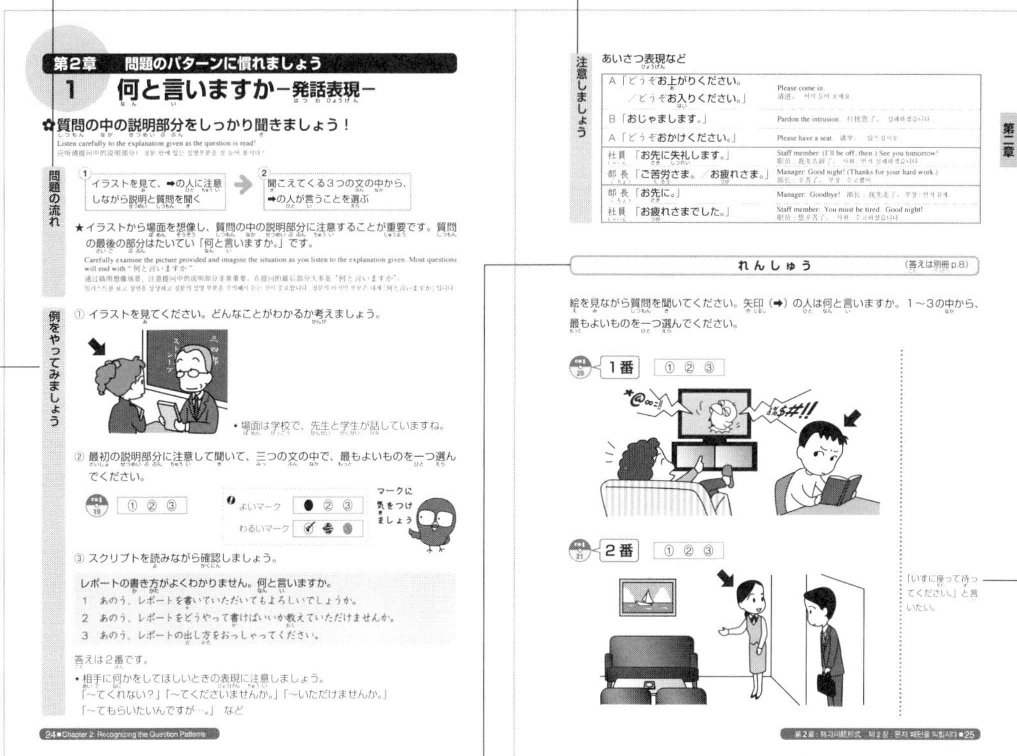

第2章　問題のパターンに慣れましょう

1　何と言いますか－発話表現－

✿質問の中の説明部分をしっかり聞きましょう！

問題の流れ

1 イラストを見て、➡の人に注意しながら説明と質問を聞く　2 聞こえてくる3つの文の中から、➡の人が言うことを選ぶ

★イラストから場面を想像し、質問の中の説明部分に注意することが重要です。質問の最後の部分はたいてい「何と言いますか。」です。

例をやってみましょう

① イラストを見てください。どんなことがわかるか考えましょう。

• 場面は学校で、先生と学生が話していますね。

② 最初の説明部分に注意して聞いて、三つの文の中で、最もよいものを一つ選んでください。

③ スクリプトを読みながら確認しましょう。

レポートの書き方がよくわかりません。何と言いますか。
1 あのう、レポートを書いていただいてもよろしいでしょうか。
2 あのう、レポートをどうやって書けばいいか教えていただけませんか。
3 あのう、レポートの出し方をおっしゃってください。

答えは2番です。

• 相手に何かをしてほしいときの表現に注意しましょう。
「～てくれない？」「～てくださいませんか。」「～いただけませんか。」「～てもらいたいんですが…。」など

注意しましょう　あいさつ表現など

A「どうぞお上がりください。／どうぞお入りください。」	Please come in.
B「おじゃまします。」	Pardon the intrusion.
A「どうぞおかけください。」	Please have a seat.
社員「お先に失礼します。」	Staff member: (I'll be off, then.) See you tomorrow!
部長「ご苦労さま。／お疲れさま。」	Manager: Good night! (Thanks for your hard work.)
部長「お先に。」	Manager: Goodbye!
社員「お疲れさまでした。」	Staff member: You must be tired. Good night!

れんしゅう　（答えは別冊 p.8）

絵を見ながら質問を聞いてください。矢印（➡）の人は何と言いますか。1～3の中から、最もよいものを一つ選んでください。

1番　① ② ③

2番　① ② ③

「いすに座って待ってください。」と言いたい。

◇流れに沿って、例題を解いてみましょう。答えをマークしたら、スクリプトを読んで、理解できたかチェックをします。

Follow along and try to answer the example question provided. After filling in your answer, read through the script to check your comprehension.

应顺着语言前后顺序听懂并解答例题。选好答案之后，再通读问题原文，确认理解是否正确。

흐름에 따라서 예제를 풀어 봅시다. 답에 표시를 한 후 스크립트를 읽고, 이해했는가를 대조합니다.

◇練習問題で、問題のパターンに慣れましょう。

Work through the practice questions to familiarize yourself with the different patterns that appear on the test.

应通过练习题习惯出题形式。

연습 문제로 문제의 패턴에 익숙해지도록 합시다.

◇問題を解くのに役立つヒントがあります。

Don't forget to look here for tips on how to answer the questions!

附有帮助解答问题的提示。

문제를 푸는 데 도움이 되는 힌트가 있습니다.

第3章・第4章

◇場面別、内容別に、日常生活でよく聞く表現を覚えましょう。
Master the expressions commonly heard in everyday life by learning to identify the different contexts and situations in which they are used.
应牢记不同场景、不同内容、以及日常生活中常听到的表达方式。
장면별 , 내용별로 일상생활에서 자주 듣는 표현을 익힙시다 .

◇練習問題では、覚えた表現が話の中に出てきます。
The expressions you have learned often appear in the conversations played for the practice questions.
学过的表达方式会出现在习题的会话中。
연습 문제에는 , 공부한 표현이 회화 중에 나옵니다 .

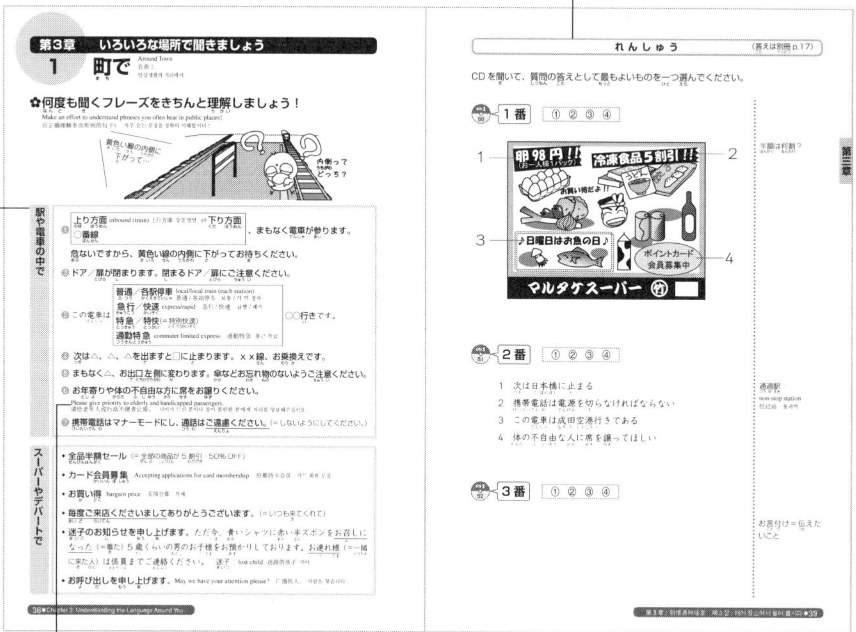

◇難しい表現には、やさしい日本語の言い換えや翻訳があります。
A translation or easy-to-understand Japanese equivalent is provided for difficult expressions.
较难的表达方式，附有易懂的日语同义词汇及中文翻译。 어려운 표현은 쉬운 일본어로 쓰여 있거나 번역되어 있습니다 .

◆各章の最後に「まとめ問題」があります。その章で勉強したことを確認しましょう。第5章には、「総まとめ問題」があります。模擬テストのつもりで、CDを止めずに解いてみましょう。
The end of each chapter contains a section called "Review Drills". Test yourself to see how much of the material you have retained. The section "Comprehensive Review" in the last chapter of this book serves as a mock test. Work straight all the questions without stopping the CD to prepare yourself for taking the actual test.
各章最后附有《小结练习题》,可以此确认在该章中学过的内容。第 5 章中附有《综合练习题》。可当作模拟考试,连续听解 CD 内容。
각 장의 마지막에는「정리 문제」가 있으니 , 그 장에서 공부한 것을 확인합시다 . 제 5 장에는「총정리 문제」가 있습니다 . 모의 테스트로 생각하고 CD 를 도중에 멈추지 말고 끝까지 문제를 풀어봅시다 .

◆問題を解いたら、必ず答え合わせをして、スクリプトを読んで確認しましょう。解答とスクリプトは別冊にありますから、取り外して使ってください。
After you answer the questions, read through the script as you check the answers. Feel free to remove the booklet containing the answers and scripts to make it easier to check your work.
解答问题之后，务必阅读问题原文并核对答案。正确答案及问题原文印在附册中，请拆下后使用。
문제를 푼 후 , 반드시 답을 맞추고 스크립트를 읽고 확인합시다 . 해답과 스크립트는 별책에 있으니 떼어서 사용하십시오 .

◆「まとめ問題」と「総まとめ問題」以外は、すべての漢字の下にルビがついています。ルビを隠しながら読むと漢字を読む練習になるでしょう。
Except for the "Review Drills" and "Comprehensive Review", the kana reading is listed below all the kanji characters that appear in this book. Try covering the kana as you read through the text to help sharpen your kanji reading ability.
《小结练习题》及《综合练习题》以外，所有汉字词汇下方均标注假名。遮盖标注的假名来阅读，就能练习提高汉字读音能力。
「정리 문제」와「총정리 문제」이 외의 모든 한자의 아래에 한자음 (루비) 이 쓰여 있습니다 . 그 한자음을 가리면서 읽으면 한자 읽기 연습이 됩니다 .

第1章 準備をしましょう

Mastering the Basics

做好基础准备

준비를 합시다

第1章　準備をしましょう

1 発音について

Pronunciation
关于发音
발음에 대해

✿発音と表記に気をつけましょう！

Pay close attention to how the words are written and pronounced!
注意发音和书写！　발음과 표기에 주의합시다！

「ちょっと」「まって」

★小さい「っ（ッ）」があるかないかに注意！

音がなくても、１拍の長さがあります。
「ちょとまてください」は変です。「ちょっとまってください」と発音します。
また、「まち(町)」と「マッチ(match)」のように別の意味のことばになります。

１拍：mora; a phonetic unit of language.　１拍　한 박자

「おとうさん」「おかあさん」

★のばす音は書き方にも注意！　のばす音：elongated sound　拖长发音　길게 발음하는 소리

カタカナ→「ー」　◆コーヒー　◆スーパーマーケット

ひらがな→「あ」「い」「う」「え」「お」

ーa：あ	おかあさん　おばあさん　まあ
ーi：い	おにいさん　ちいさい　いいえ
ーu：う	すうがく　れんしゅう　ちゅうい
ーe：い	とけい　せんせい　がくせい
ーo：う	おとうさん　がっこう　とうきょう　ようか

❶ 例外

おね~~い~~さん（え）

お~~う~~きい（お）　と~~う~~り（お）

「なくなっちゃった」「買わなくちゃ」

★速くて短い話しことばに注意！

〜ちゃった・〜じゃった（＝〜てしまった・〜でしまった）	食べちゃった
〜ちゃう・〜じゃう（＝〜てしまう・〜でしまう）	食べちゃう
〜ちゃおう・〜じゃおう（＝〜てしまおう・〜でしまおう）	食べちゃおう
〜なくちゃ（＝〜なくてはいけない）	食べなくちゃ
〜なきゃ（＝〜なければならない）	食べなきゃ
〜ちゃ〜（＝〜ては〜）	食べちゃいけない
〜てる（＝〜ている）	食べてる
こっち・そっち・あっち・どっち（＝こちら・そちら・あちら・どちら）	

★助詞もよく省略されます。 Particles are often omitted in Japanese.　助词也经常被省略。　조사도 자주생략됩니다.

◆そろそろ学校（~~に~~）行かなきゃ。

れんしゅう （答えは別冊 p.2）

CDを聞いてください。

1番

小さい「っ（ッ）」があれば__に書いてください。

例題）ま__ち　マッチ

① レ__ス__ン　② ま__す__ぐ

③ ポ__ケ__ト　④ ゆ__く__り

⑤ ス__ト__プ　⑥ せ__け__ん

⑦ ち__か__て__つ　⑧ い__て__ら__しゃ__い

2番

のばす音「あ・い・う・え・お・ー」があれば__に書いてください。

例題）セータ一　しゅ__み　きのう

① ゆ__び__ん__きょ__く__　② バ__ス__デ__パ__ティ__

③ ちゅ__しゃ__じょ__　④ お__じ__さ__ん

⑤ りゅ__が__く__せ__　⑥ きょ__と__りょ__こ__

⑦ じゅ__が__つ__と__か__　⑧ き__れ__な__お__ね__さ__ん

3番

何と言いましたか。__に一つずつひらがなを書いて、（　）にもとの形を書いてください。

例題）早く早く、バス いっちゃうよ。
（ いってしまう ）

① 牛乳全部 __ __ __ __ __ __。また、買って __ __ __ __。
（　　　　）（　　　　）

② __ __ __　__ __ __ __ だめだよ。危ないよ。
（　　　　）（　　　　）

③ テレビ見る前に、宿題 __ __ __ __ __ __。
（　　　　）

④ あ、あの人、__ __ __ 見て __ __ __ __ __。
（　　　　）（　　　　）

2 文法について①

Grammar ①
关于语法①
문법에 대해①

✿だれがするのかに注意しましょう！

Identify who's doing what!
注意听是谁在做！　누가 하는지에 주의를 기울입시다！

もらう・くれる

★だれがする？

AがBにしてあげる	→ Aがする
AがBにしてくれる	→ Aがする
AがBにしてもらう	→ Bがする

Aさん、Bさんにしてあげて。	→ Aがする
Aさん、B（さん）にしてくれる？	→ Aがする
Aさん、B（さん）にしてもらって。	→ Bがする

ほめられる・注意される

Aが　Bを／に　する	→ BがAに　される

- 先生が学生を注意する　→ 学生が先生に**注意される**
- 友達が私を笑う　→ 私が友達に**笑われる**

させる・させられる

B：Aさん、してください	→ Aがする
	→ BがAに**させる**
	→ AがBに**させられる**

- 母：野菜を食べて。 → 私が野菜を食べる
  母が私に野菜を**食べさせる**
  私が母に野菜を**食べさせられる**

> ❗ 縮約形　contracted form
> 简短形　축약형
>
> 待たせられる＝待たされる
> 買わせられる＝買わされる
>
> 食べる、話す、する、来る、などは縮約形にはできない。

B：Aさん、（Bに）**させてください**　→Bがする

- 妹：お兄ちゃん、パソコン**使わせて。**　→　妹がパソコンを使う

れんしゅう

(答えは別冊 p.3)

CD を聞いてください。

CD1 5 1番 だれがしますか。正しいものを選んでください。

例題) (男の人　女の人　(森さん)) が書きます。

① (男の人　女の人　森さん) が持ってきました。

② (男の人　女の人　森さん) が写真を撮ります。

③ (男の人　女の人　森さん) が行きます。

④ (男の人　女の人　森さん) が仕事を手伝いました。

⑤ (男の人　女の人　森さん) が使います。

(私に) 持ってきてくれた。

「写真を撮って」か「写真を撮らせて」か？

CD1 6 2番 会話の内容と合うものを選んでください。

① 1　男の人は女の人にペンを貸してくれます。
　2　女の人は男の人にペンを借りてあげます。
　3　男の人は女の人にペンを貸してもらいます。

「借りる」と「貸す」に注意。

② 1　女の人は森さんにほめられました。
　2　男の人は森さんにほめられました。
　3　森さんは男の人に女の人をほめさせました。

～だって＝だれかから～と聞いた

③ 1　男の人は森さんに書類を作らせました。
　2　女の人は男の人に書類を作ってあげます。
　3　男の人は女の人に書類を作らせられます。

助かります：
That helps a lot.
帮助　도움이 됩니다.

④ 1　女の人は明日男の人を病院に行かせてあげます。
　2　女の人は明日男の人に病院に行かせてもらいます。
　3　女の人は明日男の人に病院に行ってもらいます。

かまいません＝いいです

⑤ 1　男の人は森さんにお酒をたくさん飲まされた。
　2　男の人は森さんにお酒をたくさん飲ませた。
　3　男の人は森さんにお酒をたくさん飲まれた。

～もんだから：
理由や事情を説明するときに使う。

3　文法について②

Grammar ②
关于语法②
문법에 대해②

✿自分では使えなくても、敬語の意味が聞き取れるようにしましょう！

Make an effort to understand keigo (polite expressions), even if you find these expressions difficult to use!
即使自己不会用，也应能听懂敬语的含义！　자기 자신은 사용하지 않더라도，존경어 의미를 알아들을 수 있도록 합시다！

「します」の
尊敬語は「なさいます」、
謙譲語は「いたします」です。

尊敬語：honorific expressions　尊敬语　존경어
謙譲語：humble expressions (used when addressing a superior or customer)
自谦语　겸양어

意味がひとつではない敬語表現

❶ うかがう（伺う）

- 尋ねる to ask (for information), to inquire　询问　묻다　　ちょっと**伺います**が、駅はどちらでしょうか。
- 聞く to listen/hear/ask　打听　듣다　　その話は○○先生から**伺いました**。
- 訪問する to pay a visit, to call (on someone)　访问　방문하다　　1時ごろ、**伺います**。

❷ いらっしゃる

- 行く　先生は京都へ**いらっしゃいました**。　＊～でいらっしゃいます＝～です
- いる　奥様、**いらっしゃいますか**。
- 来る　2時に**いらっしゃって**ください。　＊「いらしてください」とも言う。

❸ かける

- 椅子などに座る　**おかけ**ください。　**おかけになって**お待ちください。
- 電話をかける　**おかけになった**電話番号は現在使われておりません。

尊敬表現

❶ 受身形（うけみけい）

- もうお土産は**買われましたか**。
- どう**されましたか**。（＝どうしましたか）

❷ お／ご～です

- ご注文は**お決まりですか**。（＝決まりましたか）
- ご主人は**ご在宅でしょうか**。（＝家にいますか）

❸ お／ご～になる

- この電車は車庫に入ります。**ご利用になれません**。　車庫：garage, train shed　车库　차고
- 番号札7番で**お待ちの**お客様、どうぞ。（＝お待ちになっている）　番号札：number (numbered ticket)　号码牌　번호표

❹ お／ご～ください

- 揺れますから、つり革に**おつかまりください**。　This train may shake or sway, so please hold on to the strap.　车会摇晃，请抓紧吊环。　흔들리니 손잡이를 잡으십시오.
- 3番線、まもなく電車が参ります。**ご注意ください**。

れんしゅう

（答えは別冊 p.4）

第一章

CD を聞いてください。

CD1 7 **1番** 内容の正しいほうを選んでください。

例題）①知っていますか　2 元気ですか

① 1 どこから来ましたか　2 どこに住んでいますか

② 1 仕事は何をしているか　2 注文は何にするか

③ 1 荷物を預かります　2 荷物を預かってください

④ 1 電話をかけてください　2 座って待ってください

⑤ 1 メニューを持ってきました　2 メニューを持ってきてください

CD1 8 **2番** 会話の内容と合うものを選んでください。

① 1 男の人は女の人に聞きたいことがある。
2 男の人は女の人を訪問する。
3 男の人は女の人にいつ来るか聞いた。

② 1 男の人は明日の 10 時までここにいる。
2 男の人は明日 10 時までにここに来る。
3 女の人は明日 10 時までにここに来る。

③ 1 男の人はだれかを探しているようです。
2 男の人は道に迷ったようです。
3 女の人は店員のようです。

④ 1 男の人は番号札２番の人を呼びました。
2 男の人はクーポンを持っている人を呼びました。
3 男の人はレジの順番が次の人を呼びました。

⑤ 1 お客さんは注文を決めたら、ボタンを押して店員を呼ぶ。
2 お客さんは、パネルのボタンを押して注文する。
3 お客さんは注文が決まったら、紙に書いて店員に渡す。

コンビニ、スーパー、ショップなどでよく聞く表現。

パネル：panel
屏幕　패널

4 会話表現

Conversational Phrases
会话表现
회화표현

✿会話らしい表現ややりとりに慣れましょう！

Master basic phrases and patterns used in conversation!
应习惯会话特有的表达方式！ 회화다운 표현이나 주고 받는 말을 익힙시다！

ない・わけ・ことを使った表現

❶ **～じゃない？**　＊意見：～と思う I think - (Used to indicate opinion or thought)　我觉得～　～라고 생각한다

◆ 雨、降るん**じゃない？**　降らないん**じゃない？**

❷ **～てくれない？**　**～てもらえない？**　＊依頼：～てくれませんか／～てもらえませんか

◆ 荷物、ここに置い**てくれない？**　見せ**てもらえない？**

❸ **～ないかな**　＊希望：～てほしい

◆ 早く来**ないかな**。

❹ **～ことになっている**　＊～という規則がある／～という約束をした

◆ この日を過ぎるとキャンセル料をいただく**ことになっています。**

◆ 会社の人が空港まで迎えに来てくれる**ことになっています。**

❺ **～わけだ**　＊～のは当然だ

◆ 暑い**わけだ**。30度もある。

❻ **～わけじゃない**　＊～という理由ではない

◆ 嫌いな**わけじゃない**けど、食べないんです。

会話の省略

◆ A：あの番組おもしろいね。
　B：でしょ？
　（＝おもしろいでしょう、私もそう思います。）

◆ A：おかげさまで、試験に…
　B：合格したんですね、おめでとう。
　＊おかげさまで：よい結果に使う

気持ちを表す表現

◆ **やった！**：うれしい

◆ **さすが！**：ほめるときに言う。

◆ **うそ！**：びっくりしている

◆ **へえー！**：感心したり、驚いたりしている。

◆ **ぜひ！**：～したい

◆ **もう！**：怒ったり、不満を表す。

★会話では、話し手と聞き手が共同で一つの文を作ったり、言わなくてもわかる場合は文の一部が省略されたりすることがよくあります。

In Japanese conversation the speaker and listener "work together" to construct sentences and complete each other's thoughts. Things mutually understood by both parties are often omitted from the conversation.

在会话中，经常会有说者与听者共同说完一整句话，或在不言自明的场合将话中的一部分省略的情况。

회화에서는 말하는 사람과 듣는 사람의 대화 중에 한 문장이 만들어지거나，말하지 않아도 알 수 있는 부분은 문장에서 생략되기도 합니다．

れんしゅう

（答えは別冊 p.5）

CD を聞いてください。

CD1 9　1番

女の人の答えはどちらの意味ですか。正しいほうを選んでください。

① 1　よくない　　　2　いい

② 1　混んでいる理由がわかった
　 2　なぜ混んでいるのかわからない

③ 1　ダイエットはしていない
　 2　ダイエットをしている

④ 1　早く始まってほしくない
　 2　早く始まってほしい

⑤ 1　話しかけてもらいたくない
　 2　話しかけてもらいたい

⑥ 1　大丈夫です、受け付けましょう
　 2　受付をすることはできません

> まったく：あきれたり、怒ったりしたときに使う表現。
>
> あと（数量）＝残り（数量）
>
> それでさあ＝それでね
>
> 「さ（あ）」はくだけた会話に使う。

CD1 10　2番

男の人のあとに続くのはどちらですか。正しいほうを選んでください。

① 1　使えなくなりました。　2　使えるようになりました。

② 1　わかりました。　　　2　わかりません。

> とうとう：いい結果も悪い結果もあるが、「…けど」と言っている。

CD1 11　3番

女の人の気持ちはどちらですか。正しいほうを選んでください。

① 1　心配している　　　2　感心している

② 1　行きたい　　　　　2　あまり行きたくない

5 まとめ問題

時間：5分
答えは別冊 p.6～7

点数 ／100

問題Ⅰ

5点×5問

CDを聞いてください。発音したのはどれですか。1～4の中から正しいものを一つ選んでください。

CD1 12

① 1 ふと　2 ふとう　3 ふっとう　4 ふうとう

② 1 とかい　2 とうかい　3 とけい　4 とうけい

③ 1 オトマチク　2 オートマチック
3 オットマチーク　4 オトマーチク

④ 1 だいひょう　2 だいひゅう　3 らいひょう　4 たいひゅう

⑤ 1 さんぎょう　2 さんにょう　3 ざんぎょう　4 ざんにょう

問題Ⅱ

3点×25問

CDを聞いて、正しいほうを選んでください。

CD1 13

1番 どちらの意味ですか。

① 1 行かなかった　2 行かなければならない

② 1 見てしまいました　2 見てしまいましょう

③ 1 こちらへ来てください　2 これを切ってください

④ 1 見てほしくない　2 見てほしい

⑤ 1 乗車できる　2 乗車できない

CD1 14

2番(ばん)　だれがしますか。

① （1 男(おとこ)の人(ひと)　2 女(おんな)の人(ひと)）が写真(しゃしん)を撮(と)ります。

② （1 男(おとこ)の人(ひと)　2 女(おんな)の人(ひと)）が払(はら)います。

③ （1 男(おとこ)の人(ひと)　2 女(おんな)の人(ひと)）が借(か)ります。

④ （1 男(おとこ)の人(ひと)　2 女(おんな)の人(ひと)）が教(おし)えてもらいます。

⑤ （1 男(おとこ)の人(ひと)　2 女(おんな)の人(ひと)）がほめられました。

CD1 15

3番(ばん)　内容(ないよう)と合(あ)っているのはどちらですか。

① 1　来(こ)なかったら30分(ぷん)待(ま)たないで帰(かえ)ってもいい。
　 2　来(こ)なくても30分(ぷん)は待(ま)たなければならない。

② 1　この仕事(しごと)は好(す)きだが給料(きゅうりょう)はよくない。
　 2　この仕事(しごと)は給料(きゅうりょう)がいいから好(す)きだ。

③ 1　来週(らいしゅう)は今週(こんしゅう)より忙(いそが)しくなると思(おも)う。
　 2　来週(らいしゅう)は少(すこ)しひまになると思(おも)う。

④ 1　10年(ねん)もいれば上手(じょうず)になるのは当然(とうぜん)だ。
　 2　10年(ねん)いても上手(じょうず)になるわけではない。

⑤ 1　午後(ごご)は用事(ようじ)がある。
　 2　午前(ごぜん)は都合(つごう)が悪(わる)い。

CD 1 16

4番　どちらの意味ですか。

① 1 男の人は発表させます。
   2 男の人は発表させられます。

② 1 女の人はカットしてもらいます。
   2 女の人はカットさせられます。

③ 1 男の人は女の人を来させます。
   2 女の人は男の人に来られます。

④ 1 女の人は男の人に笑われました。
   2 男の人は女の人を笑わせました。

⑤ 1 女の人は男の人に先に食事に行かれます。
   2 男の人は女の人を先に食事に行かせます。

CD 1 17

5番　どちらの意味ですか。

① 1 田中さんですか。
   2 田中さんが来ました。

② 1 名前を教えてください。
   2 名前は聞いて知っています。

③ 1 名前を書いたら持ってきてください。
   2 名前を書いて待ってください。

④ 1 どうしたんですか。
   2 どうしますか。

⑤ 1 証明書を書いて、持ってきてください。
   2 証明書を書くから、それを持っていってください。

第2章（だいしょう）

問題（もんだい）のパターンに慣（な）れましょう

Recognizing the Question Patterns

熟习问题形式

문제 패턴을 익힙시다

第2章　問題のパターンに慣れましょう

1　何と言いますか－発話表現－

✿質問の中の説明部分をしっかり聞きましょう！

Listen carefully to the explanation given as the question is read!
应听清提问中的说明部分！ 질문 안에 있는 설명부분을 잘 들어 봅시다!

問題の流れ

① イラストを見て、➡の人に注意しながら説明と質問を聞く　➜　② 聞こえてくる三つの文の中から、➡の人が言うことを選ぶ

★イラストから場面を想像し、質問の中の説明部分に注意することが重要です。質問の最後の部分はたいてい「何と言いますか。」です。

Carefully examine the picture provided and imagine the situation as you listen to the explanation given. Most questions will end with "何と言いますか".
通过插图想像场景，注意提问中的说明部分非常重要。在提问的最后部分大多是"何と言いますか"。
일러스트를 보고 장면을 상상하고 질문의 설명 부분을 주의해서 듣는 것이 중요합니다. 질문의 마지막 부분은 대게「何と言いますか」입니다.

例をやってみましょう

① イラストを見てください。どんなことがわかるか考えましょう。

◆場面は学校で、先生と学生が話していますね。

② 最初の説明部分に注意して聞いて、三つの文の中で、最もよいものを一つ選んでください。

CD1 19　① ② ③

よいマーク　● ② ③
わるいマーク　✓ ⊖ ③

マークに気をつけましょう

③ スクリプトを読みながら確認しましょう。

レポートの書き方がよくわかりません。何と言いますか。
1　あのう、レポートを書いていただいてもよろしいでしょうか。
2　あのう、レポートをどうやって書けばいいか教えていただけませんか。
3　あのう、レポートの出し方をおっしゃってください。

答えは２番です。

◆相手に何かをしてほしいときの表現に注意しましょう。
「～てくれない？」「～てくださいませんか。」「～いただけませんか。」
「～てもらいたいんですが…。」　など

注意しましょう

あいさつ表現など

A「どうぞお上がりください。／どうぞお入りください。」	Please come in. 请进。 어서 들어 오세요.
B「おじゃまします。」	Pardon the intrusion. 打扰您了。 실례하겠습니다.
A「どうぞおかけください。」	Please have a seat. 请坐。 앉으십시오.
社員「お先に失礼します。」	Staff member: (I'll be off, then.) See you tomorrow! 职员：我先告辞了。 사원：먼저 실례하겠습니다.
部長「ご苦労さま。／お疲れさま。」	Manager: Good night! (Thanks for your hard work.) 部长：辛苦了。 부장：수고했어.
部長「お先に。」	Manager: Goodbye! 部长：我先走了。 부장：먼저 갈게.
社員「お疲れさまでした。」	Staff member: You must be tired. Good night! 职员：您辛苦了。 사원：수고하셨습니다.

第二章

れんしゅう

（答えは別冊 p.8）

絵を見ながら質問を聞いてください。矢印（➡）の人は何と言いますか。1～3の中から、最もよいものを一つ選んでください。

CD1 20 **1番** ① ② ③

CD1 21 **2番** ① ② ③

「いすに座って待ってください。」と言いたい。

第2章　問題のパターンに慣れましょう

2　どんな返事をしますか－即時応答－

✿間接的な返事に注意しましょう！

Pay close attention to indirect responses to questions!
应注意间接回答！ 간접적인 답변에 주의합시다！

問題の流れ

問題用紙に何も印刷されていません。１対１の対話です。

Each question consists of a dialogue between two people. The question sheets for this part of the test are blank.
问题卷上没有印刷任何内容。都是 1 对 1 的对话。 문제 용지에 아무것도 인쇄되어 있지 않습니다. 일대일의 대화입니다.

1. 短い文を聞く
2. 聞こえてくる返事の中から最もよいものを選ぶ

★始めの文に注意して聞くことが重要です。返事は、直接的な返事ではない場合も多いです。特に誘われて断るときは、間接的な断り方をする場合がよくあります。

Pay special attention to the first part of the conversation. Often the other person will produce an indirect response to what the first person says. This form of response is commonly used in Japanese when declining an invitation.
听清开头的句子很重要。往往在回答时不会直面回答。尤其是在拒绝对方邀请时，经常用间接的婉拒方式。
시작하는 문장을 주의 깊게 듣는 것이 중요합니다. 답변은 직접적인 대답이 아닐 경우가 많습니다. 특히, 거절하거나 사양할 때에는 간접적인 거절표현을 사용하는 경우가 많습니다.

例をやってみましょう

① 最初の文を注意して聞いて、そのあとの三つの返事の中で、最もよいものを一つ選んでください。

CD1 22　① ② ③

◆直接的な答え方ではないので注意しましょう。

② スクリプトを読みながら確認しましょう。

いつまで日本にいらっしゃいますか。
1　明日で、日本に来てから１年になるんです。
2　来年くらいに日本に行きたいと思っているんですが…。
3　来年の３月ごろ、帰ろうかなと思っています。

答えは３番です。

◆直接的な返事は「来年の３月まで日本にいます。」ですが、ここでは「います」ということばを使っていません。

注意しましょう

あいさつなどに対しての返事

A「どうぞお召し上がりください。」	Please help yourself. 请吃吧。 자아 , 어서 드세요 ,
B「どうぞおかまいなく。」	There's no need to trouble yourself. 请您不要张罗啦。 부디 , 신경 쓰지 마십시오 .
B「では、遠慮なくいただきます。」	Thank you very much. 那我就不客气了。 그럼 , 사양하지 않고 먹겠습니다 .
A「もっといかがですか。」	Would you like some more? 再吃点吧。 더 드시지 않겠습니까 ?
B「もうけっこうです。」	No thank you. / That's alright. I'm fine. 已经足够了。 충분합니다 .

誘いに対して断るときの返事

- 間接的な答え方だけでなく、断るときは語尾が長くなるなど、言い方にも注意しましょう。 語尾： word ending, end of a phrase 语尾 어미

A「来週の日曜日に映画に行きませんか。」
B「あー、日曜日は、予定が入っているんです…」／「あー、その日は、ちょっと…」

第二章

れんしゅう

（答えは別冊 p.9）

まず文を聞いてください。それからその返事を聞いて、１～３の中から、最もよいものを一つ選んでください。

CD1 23 **1番** ① ② ③

CD1 24 **2番** ① ② ③

CD1 25 **3番** ① ② ③

誘いに対して、間接的に断っている。

CD1 26 **4番** ① ② ③

ほんの少しの違いなので、選択肢に注意して聞こう。

第2章　問題のパターンに慣れましょう

3　何をしますか－課題理解－

✿印刷されたイラストや文字をすばやく見ておきましょう！

Quickly skim over the illustration and words printed on the sheet!
应迅速看清印刷的插图及文字!　인쇄된 일러스트나 문자를 재빨리 봐둡시다!

問題の流れ

問題用紙に選択肢がイラストか文字で印刷されています。
The question sheets for this part of the test each contain selections of words or illustrations.
问题卷上印有答案选项的插图或文字。　문제용지에 선택지가 일러스트나 문자로 인쇄되어 있습니다.

1. 説明と質問を聞く → 2. 話を聞く → 3. もう一度質問を聞く → 4. 答えを選ぶ

例をやってみましょう

① 選択肢を読んでおきましょう。

1　病院に行く
2　病院に電話する
3　病院の電話番号を調べる
4　病院の場所を調べる

◆選択肢から、病院に関係のある行動を選ぶ問題であることがわかりますね。

② 最初の説明と質問、そのあとの話を注意して聞きます。選択肢の中で、最もよいものを一つ選んでください。

CD1 27　① ② ③ ④

③ スクリプトを読みながら確認しましょう。

男の人と女の人が話しています。男の人は、これからどうしますか。
女：どうしたの？
男：昨日から肩が痛くて…テニスでがんばりすぎたせいかなあ。冷やしてみようかな。
女：その前に、お医者さんに行ったほうがいいよ。ほら、去年行ったところに。でも、今日やっているかどうかわからないから、行く前に電話してみたら？
男：うん、でも診察券もどこにあるかわからないし、電話番号がわからないよ。
女：パソコンで検索すればいいじゃない。
男：そうだね。
男の人は、これからどうしますか。

答えは3番です。
◆病院が休みかもしれないので、行くかどうかはわかりません。場所はわかっています。

第二章

注意しましょう

よく使われる質問のパターン

- 「だれが／だれに…？」 ◆「何を…？」 ◆「いつ／何時に…？」
- 「どこで…？」 ◆「どの～を…？」 など

「最初にすること」を聞く質問のパターン

- 「まず何をしますか。」 ◆「これからどうしますか。」
- 「このあとまず、何をしなければなりませんか。」など

「～する前」や「～した後」など、行動の順番を表すことばにも注意しましょう。
（☞ p.58 第4章4）

れんしゅう

（答えは別冊 p.10）

まず質問を聞いてください。それから話を聞いて、１～４の中から、最もよいものを一つ選んでください。

CD1 28 **1番** ① ② ③ ④

パンフレット：
pamphlet
小册子　팸플릿 , 소책자

ガレージ：
garage　车库　차고

CD1 29 **2番** ① ② ③ ④

1　プリントを分ける
2　教室の窓を開ける
3　田中先生のところに行く
4　プリントを教室に持って行く

4　どうしてですか－ポイント理解－

✿落ち着いて選択肢を読みましょう！

Relax and carefully read through the answers!
应沉着阅读答案选项!
침착하게 선택지를 읽읍시다!

問題の流れ

問題用紙に選択肢が印刷されています。
A selection of answers is provided on each question sheet. 问题卷中印有答案选项。 문제용지에 선택지가 인쇄되어 있습니다.

1. 説明と質問を聞く → 2. ポーズの間に選択肢を読んでポイントをつかむ → 3. 話を聞く → 4. もう一度質問を聞く → 5. 答えを選ぶ

★問われていることにポイントを絞って聞きましょう。そして、選択肢を読む時間を有効に使いましょう。

Listen to the questions and try to pick out the main points. Make the most of the time allotted to review the answer selections.
应听清并筛选问题中的要点，并有效利用答案选项的阅读时间。
질문의 요점을 정리하면서 들읍시다. 그리고 선택지를 읽는 시간을 유효하게 씁시다.

例をやってみましょう

① 最初の説明と質問を聞いたあと、選択肢をじっくり読みましょう。

CD1 30

1　出かけることができなかったから
2　電話をかけなかったから
3　荷物を受け取らなかったから
4　待ち合わせに遅れたから

◆実際の試験では、質問のあと、何も言わないので注意しましょう。

② 話を聞いて、選択肢の中から最もよい答えを一つ選んでください。

CD1 31

① ② ③ ④

③ スクリプトを読みながら確認しましょう。

男の人と女の人が話しています。男の人は、どうして謝っていますか。

女：どうしたのよー。

男：ごめん、ごめん、待たせちゃって。ちょうど出かけようとしたとき、電話がかかってくるし、荷物が届くしで…。

男の人は、どうして謝っていますか。

答えは４番です。

◆遅れた理由を話しています。

注意しましょう

- 必要な情報だけを聞き取りましょう。
  Pick out the relevant information.　应听清必要的信息。　필요한 정보만을 골라서 듣읍시다.
- 言い換えのことばに注意しましょう。
  Listen for rephrased or reworded expressions.　应注意语言的不同表达方式。　다른 말로 표현된 것에 주의합시다.

  選択肢と話の中で使っていることばは、同じ意味でも表現が違う場合があります。
  Though the words and expressions that appear in the answers may differ from those used in the conversation, they often share the same meaning.
  答案选项及会话中使用的词汇，有时即使意思相同表达方式也会有所不同。
  선택지와 대화에서 쓰인 말은, 같은 의미라도 표현이 다른 경우가 있습니다.

第二章

れんしゅう

（答えは別冊 p.11）

まず質問を聞いてください。そのあと、選択肢を読んでください。読む時間があります。それから話を聞いて、１～４の中から、最も よいものを一つ選んでください。

CD1 32　1番　① ② ③ ④

1　京都のガイドブックと雑誌
2　京都のガイドブックと地図
3　英語の辞書と京都のガイドブック
4　週刊誌と京都のガイドブックと地図

週刊誌：
weekly publication (magazine, journal)
周刊杂志　주간지

CD1 33　2番　① ② ③ ④

1　会社がある駅の近くに、引っ越したから
2　電車で来るのと時間が変わらないから
3　健康に気をつけるようになったから
4　会社の帰りに、買い物ができるから

5 どんな内容ですか－概要理解－

✿最初の説明から話の内容を予測しましょう！

Listen to the explanation and try to anticipate what the speakers will discuss!
应从开头的说明中预测会话的内容！
처음 설명을 듣고 내용을 예측합시다！

問題の流れ

問題用紙に何も印刷されていません。
The question sheets for this part of the test are blank.
问题卷上没有印刷任何内容。 문제용지에는 아무것도 인쇄되어 있지 않습니다.

1. 説明を聞く →
2. 話を聞く →
3. 質問を聞く →
4. 聞こえてくる選択肢の中から答えを選ぶ

★全体の内容を聞いて判断する問題です。質問は話のあと一回だけなので注意しましょう。

These questions test your ability to listen to an entire dialogue and make a choice based on what you heard. The question will only be read once after the dialogue, so make sure to pay close attention.
是听完整体内容后进行判断的问题。应注意提问在会话结束后只有一次。
전체 내용을 듣고 판단하는 문제입니다. 질문은 한번 밖에 말하지 않으니 주의합시다.

例をやってみましょう

①説明、話、質問、選択肢を聞いて、質問の答えとして最もよいものを一つ選んでください。

CD1 34　① ② ③ ④

② スクリプトを読みながら確認しましょう。

男の人が、携帯電話について話しています。
男：あれば、便利だと思うんですが、今、みんな持っていて、どこでも携帯いじってるでしょ。だめだと言っているのに、自転車に乗っているときでもメールなんかしていて、本当に危ないですよね。ああいうマナーの悪い人たちを見たりしていると、買う気になれなくて…。でも、家族から、携帯を持ってくれないと不便でしかたない、と文句を言われるんですよ。娘が「お父さんのように年を取っている人でも、簡単に使える携帯があるよ。」と言うのですが、メールは、パソコンで十分ですし…。
男の人は、携帯電話のことをどう思っていますか。

1　便利だが、買いたくない
2　使い方が難しそうだ
3　携帯電話のメールは、不便だ
4　年寄りには向いていない

答えは１番です。

◆最初の説明文から、男の人が、携帯電話について意見を言うことが想像できます。
（買う気になれない＝買いたくない）

注意しましょう

話している人や質問文の中で使われていることばから場所を想像しましょう

会社員／部長／書類／会議　など	→	会社
先生／学生／テスト／レポート　など	→	学校、教室など

質問文から、状況を理解しましょう

1人で話している	→	何かの説明をしている 何かについて意見を言っている
電話をしている	→	何かの予約や約束をしている
テレビやラジオを聞いている	→	何かの情報を聞いている

第二章

れんしゅう

（答えは別冊 p.12）

この問題は、全体としてどんな内容かを聞く問題です。話の前に質問はありません。まず話を聞いてください。それから質問と選択肢を聞いて、1～4の中から、最もよいものを一つ選んでください。

CD1 35 **1番**　① ② ③ ④

緊張のしっぱなし：
nervous all the time, always left feeling tense
一直紧张　긴장 상태가 계속되다

CD1 36 **2番**　① ② ③ ④

コース：
course (dinner course, etc.)
套餐　코스

6 まとめ問題

時間：12分
答えは別冊 p.13～16

点数 ／100

問題Ⅰ

4点×2問

絵を見ながら質問を聞いてください。矢印（➡）の人は何と言いますか。1～3の中から、最もよいものを一つ選んでください。

CD1 37　**1番**　① ② ③

CD1 38　**2番**　① ② ③

問題Ⅱ

4点×3問

まず文を聞いてください。それからその返事を聞いて、1～3の中から、最もよいものを一つ選んでください。

CD1 39　**1番**　① ② ③

CD1 40　**2番**　① ② ③

CD1 41　**3番**　① ② ③

問題Ⅲ

10点×3問

まず質問を聞いてください。それから話を聞いて、1～4の中から最もよいものを一つ選んでください。

第二章

CD1 42

1番 ① ② ③ ④

1 今すぐ
2 今日の6時ごろ
3 明日の6時半
4 10日後

CD1 43

2番 ① ② ③ ④

1 パートⅠを見る
2 パートⅡを見る
3 パートⅠを借りに行く
4 パートⅡを借りに行く

CD1 44

3番 ① ② ③ ④

1 車
2 車とＪＲ
3 ＪＲと地下鉄
4 車と地下鉄

問題Ⅳ

10点×2問

まず質問を聞いてください。そのあと、選択肢を読んでください。読む時間があります。それから話を聞いて、1～4の中から最もよいものを一つ選んでください。

CD1 45 **1番** ① ② ③ ④

1 佐藤先生にきらわれたから
2 今度の試験が難しいと聞いたから
3 学校をサボれなくなったから
4 卒業ができないかもしれないから

CD1 46 **2番** ① ② ③ ④

1 田中さんに子どもが2人もいること
2 田中さんの子どもが2人とも小さいこと
3 田中さんが見た感じよりずっと年を取っていること
4 田中さんが見た感じよりずっと若いこと

問題Ⅴ

15点×2問

この問題は、全体としてどんな内容かを聞く問題です。話の前に質問はありません。まず話を聞いてください。それから質問と選択肢を聞いて、1～4の中から、最もよいものを一つ選んでください。

CD1 47 **1番** ① ② ③ ④

CD1 48 **2番** ① ② ③ ④

第3章

いろいろな場所で聞きましょう

Understanding the Language Around You

听惯各种场景

여러 장소에서 들어 봅시다

第3章　いろいろな場所で聞きましょう

1　町で

Around Town
在街上
일상생활의 거리에서

✿何度も聞くフレーズをきちんと理解しましょう！

Make an effort to understand phrases you often hear in public places!
应正确理解多次听到的句子！　자주 듣는 문장을 정확히 이해합시다！

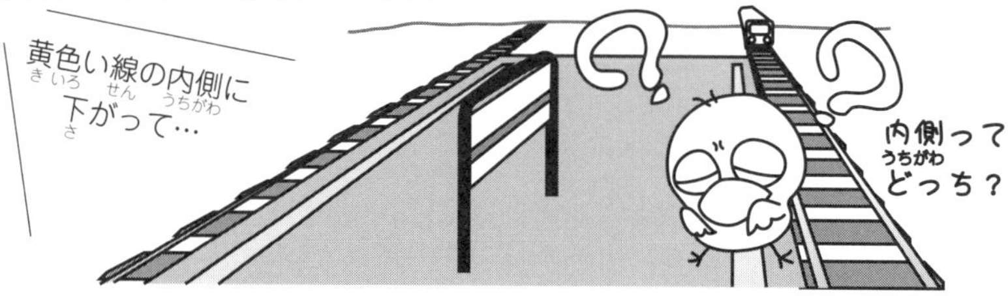

駅や電車の中で

❶ 上り方面 inbound (train) 上行方面 상경 방면 ↔ 下り方面 ／ ○番線 、まもなく電車が参ります。
危ないですから、黄色い線の内側に下がってお待ちください。

❷ ドア／扉が閉まります。閉まるドア／扉にご注意ください。

❸ この電車は
- 普通／各駅停車 local/local train (each station) 普通 / 各站停车 보통 / 각 역 정차
- 急行／快速 express/rapid 急行 / 快速 급행 / 쾌속
- 特急／特快（＝特別快速）
- 通勤特急 commuter limited express 通勤特急 통근 특급

○○行きです。

❹ 次は△、△、△を出ますと□に止まります。ｘｘ線、お乗換えです。

❺ まもなく△、お出口左側に変わります。傘などお忘れ物のないようご注意ください。

❻ お年寄りや体の不自由な方に席をお譲りください。
Please give priority to elderly and handicapped passengers.
请给老年人或行动不便者让座。　나이가 드신 분이나 몸이 불편한 분에게 자리를 양보해주십시오.

❼ 携帯電話はマナーモードにし、通話はご遠慮ください。（＝しないようにしてください。）

スーパーやデパートで

- 全品半額セール（＝全部の商品が５割引・50% OFF）
- カード会員募集 Accepting applications for card membership 招募持卡会员 카드 회원 모집
- お買い得 bargain price 买得合算 특매
- 毎度ご来店くださいましてありがとうございます。（＝いつも来てくれて）
- 迷子のお知らせを申し上げます。ただ今、青いシャツに赤い半ズボンをお召しになった（＝着た）５歳くらいの男のお子様をお預かりしております。お連れ様（＝一緒に来た人）は係員までご連絡ください。　迷子：lost child 迷路的孩子 미아
- お呼び出しを申し上げます。May we have your attention please?　广播找人。 사람을 찾습니다.

れんしゅう

（答えは別冊 p.17）

CD を聞いて、質問の答えとして最もよいものを一つ選んでください。

第三章

CD1 50　1番　① ② ③ ④

半額は何割？

CD1 51　2番　① ② ③ ④

1　次は日本橋に止まる
2　携帯電話は電源を切らなければならない
3　この電車は成田空港行きである
4　体の不自由な人に席を譲ってほしい

通過駅：
non-stop station
经过站　통과역

CD1 52　3番　① ② ③ ④

お言付け＝伝えたいこと

2　天気予報・交通情報

Weather Forecast - Traffic Report
天气预报・交通信息
날씨예보・교통정보

✿用語に慣れて必要な情報を聞き取れるようにしましょう！

Familiarize yourself with commonly used terms and pick out the important information!
应习惯专用词汇，听清必要信息！　용어를 익혀서 필요한 정보를 알아들을 수 있도록 합시다!

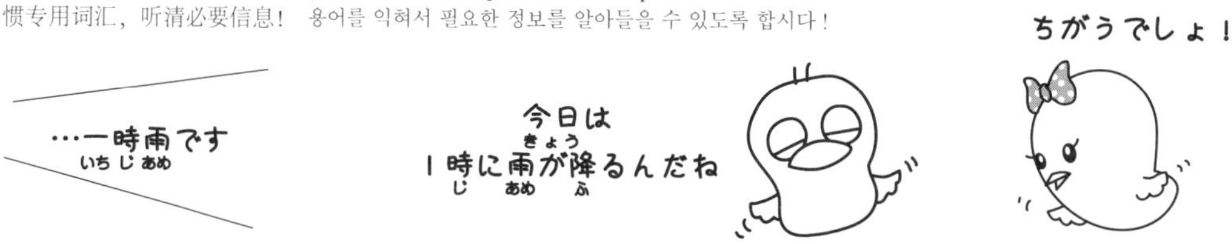

天気予報・地震情報

① 全国 / 各地 / ～地方 の 天気 / 天気予報 です。

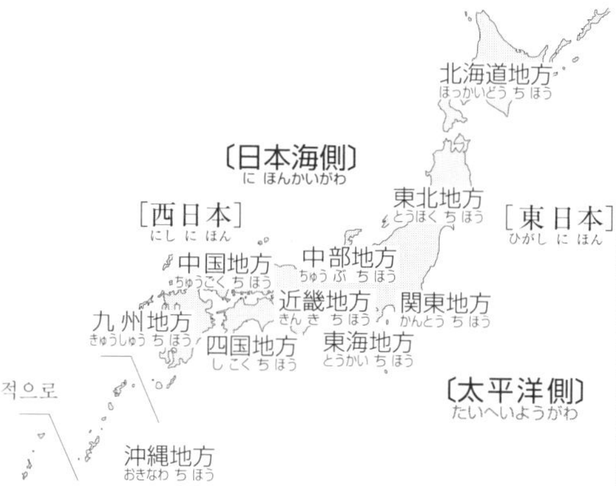

② 晴れ / 曇り　のち / 一時　曇り / 雨 でしょう。

のち：later, followed by　之后　후에

一時：brief, temporarily, for a short while　暂时　일시적으로

③ 台風が近づいています。

④ 雷にご注意ください。　雷：thunder　雷　천둥

⑤ 花粉が多く飛ぶでしょう。　花粉：pollen　花粉　꽃가루

⑥ ただ今○○で地震がありました。川沿い、沿岸部では津波にご注意ください。

There has been an earthquake in ○○ . People are advised to remain alert for a potential tsunami along the river-banks and ocean coast.
刚才在○○发生了地震。河边及沿岸地区请注意海啸。
지금 막 ○○에서 지진이 있었습니다. 강가나 해안 부근에서는 쓰나미에 주의하시기 바랍니다.

この地震による津波の心配はありません。

There is no risk of a tsunami accompanying this earthquake.
本次地震不会引起海啸。　이 지진으로 인한 쓰나미는 발생할 염려는 없습니다.

◆ 震度 seismic intensity　震度　진도

◆ 震源 quake epicenter　震源　진원지

交通情報

① ＪＲ線 / 私鉄 / 地下鉄　各線は順調に動いています。

ＪＲ線：JR line　JR 线　JR 선 (전철)
私鉄：private line　私营铁路　민영 철도
地下鉄：subway　地铁　지하철

② ～で事故のため渋滞しています。　渋滞：traffic jam　拥堵　교통 체증

③ ＡＢＣ航空 24 便パリ発は 1 時間 10 分遅れて 11 時 50 分に到着の予定です。

ABC Airlines Flight 24 from Paris is 1 hour and 10 minutes behind schedule. It is now expected to arrive at 11:50 AM.　从巴黎出发的 ABC 航空公司 24 号航班晚点 1 小时 10 分钟，预计将于 11 点 50 分抵达。
ABC 항공 24 편 파리를 출발한 비행기는 1 시간 10 분 늦어져 11 시 50 분에 도착할 예정입니다.

れんしゅう

(答えは別冊 p.18)

CDを聞いて、質問の答えとして最もよいものを一つ選んでください。

CD1 53 **1番** ① ② ③ ④

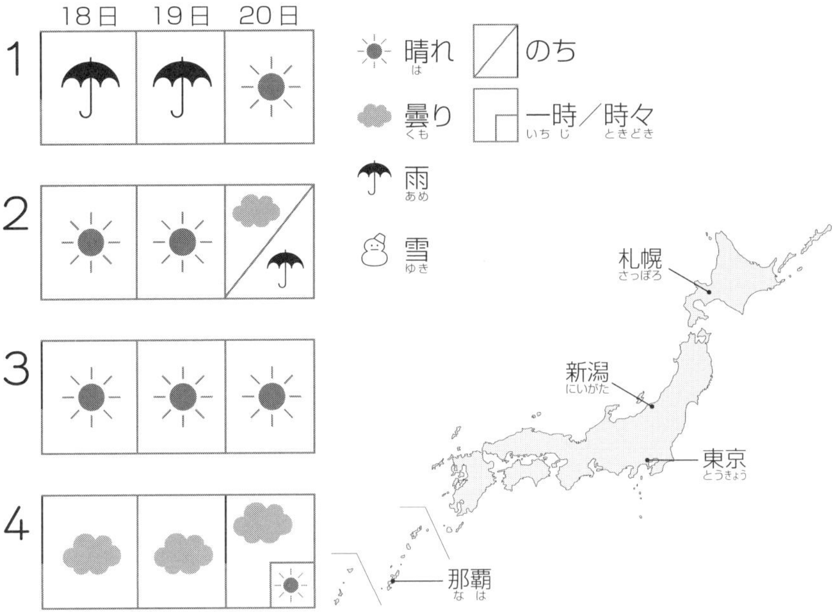

CD1 54 **2番** ① ② ③ ④

1　1時15分に着く
2　8時15分に着く
3　11時40分に着く
4　14時ちょうどに着く

CD1 55 **3番** ① ② ③ ④

あいにく：
unfortunately
不巧　공교롭게도

定刻：
scheduled time, fixed time
准时　정각

マグニチュード：
magnitude
里氏震级　매그니튜드

第三章

3 学校で

At School
在学校
학교에서

✿指示や禁止を表す表現に注意しましょう！

Pay attention to expressions that convey instructions or describe prohibited actions!
应注意表达指示或禁止的语言！　지시나 금지를 나타내는 표현에 주의합시다！

受付で

図書館で

- この本は**貸し出し中**です（＝ほかの人に借りられている）
- 新聞は**館内で閲覧してください**（＝図書館の中で読んでください）
- 辞書は**持ち出し禁止**です（＝外へ持って行くことはできません）
- 本は汚したり、**書き込み**をしたりしてはいけません。
  書き込み：written entry　填写　글씨나 글을 써 넣는 행위
- ＤＶＤなどは**視聴覚室**でも見ることができます。
  視聴覚室：audio-visual room　语音实验室　시청각실
- ２週間以内に**返却して**（＝返して）ください。
- インターネットで本を**検索**したり、予約したりすることができます。
  検索する：to search (for a term, item of information, etc.)　检索　검색하다

日本語学校で

- **入学手続きをする** to complete registration/enrollment (procedures)　办理入学手续　입학 수속을 하다
- **入学金** school enrollment fee, admission fee　入学金　입학금
- **授業料** course fee　学费　수업료
- **教材費** textbook fee　教材费　교재비
- **全額** total cost　全额　전액
- **割引** discount　打折　할인

教室で

～すること（＝しなさい、しなければならない）
～ようにしてください（＝できるだけ～してください）

- 必ず予習をして**くること。**
- 新しい**単語**を覚えてくること。　単語：word　单词　단어
- 授業に遅れないように**してください。**
- **予習**↔**復習**
- **出席**↔**欠席**
- 宿題を**提出**する　to turn in homework, to submit an assignment　交作业　숙제를 제출하다

れんしゅう

（答えは別冊 p.19 ～ 20）

CD を聞いて、質問の答えとして最もよいものを一つ選んでください。

CD1 56 1番

① ② ③ ④

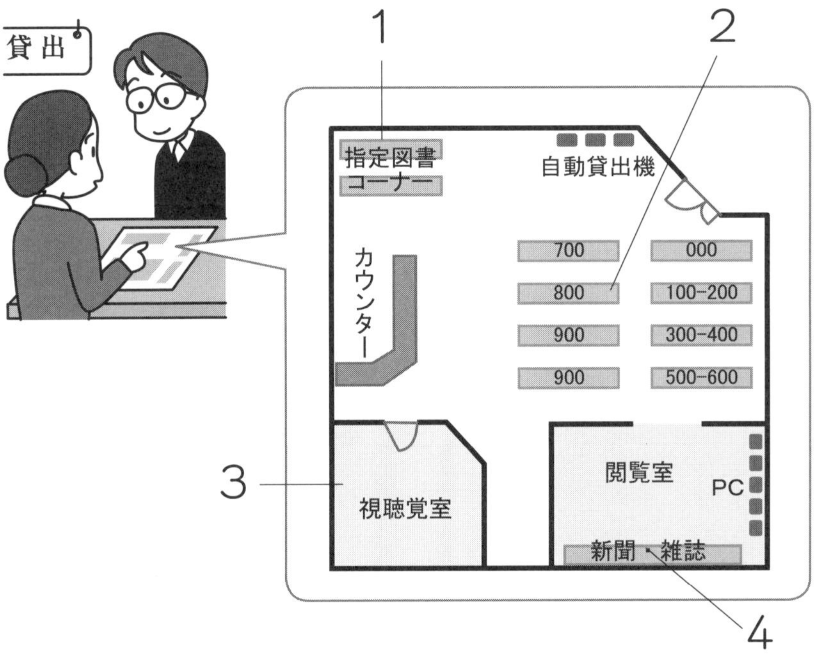

指定図書＝授業などで使うように決められた本

CD1 57 2番

① ② ③ ④

1　まず本代を払って、入学金と授業料は 24 日までに払う

2　明日入学金と授業料を払って、24 日に教材費を払う

3　今日入学金を払って、授業料は毎月払う

4　今日入学金を払って、明日授業料を全部払う

教材費＝本代

CD1 58 3番

① ② ③ ④

第三章

第3章　いろいろな場所で聞きましょう

4　職場で

At Work
在工作单位
직장에서

✿敬語に注意して聞き取りましょう！

Do your best to catch commonly used keigo expressions!
应注意听清敬语！ 존경어를 주의해서 들어봅시다！

会社で

❶ ～(し)ていただく　＊聞いている人がする

- この書類を**読んでいただきたい**んですが。
- こちらで**お待ちいただけません**か。

❷ ～(さ)せていただく　＊話している人がする

- ご説明**させていただきます**。
- 熱があるので、今日は**休ませていただきたい**んですが…。

❸ ～させます　＊同じ会社の人がする

- 田中という者にそちらに**伺わせます**ので、よろしくお願いいたします。
- すぐに**直させます**ので、申し訳ありませんが、もうしばらくお待ちください。

❹ ～とのこと　＊メッセージを伝える

- ○○社の～様からお電話がありまして、15分ほど遅れる、**とのことです**。

電話で

- はい、○○でございます。（＝○○です）
- お世話になっております。＊仕事でよく使うあいさつ
- XX はただ今、席を外しておりますが…。（＝今、席にいません）
- XX は 外出中／会議中／出張中 ですが…。
- XX は本日、お休みをいただいておりますが…。（＝今日は休みです）

留守番電話によく使われる表現

- あいにく出かけております。　あいにく：unfortunately　不巧　공교롭게도
- ただ今、電話に出られません。ピーッという音のあとにメッセージをどうぞ。

れんしゅう

（答えは別冊 p.21）

CD を聞いて、質問の答えとして最もよいものを一つ選んでください。

CD1 59 1番 ① ② ③ ④

1 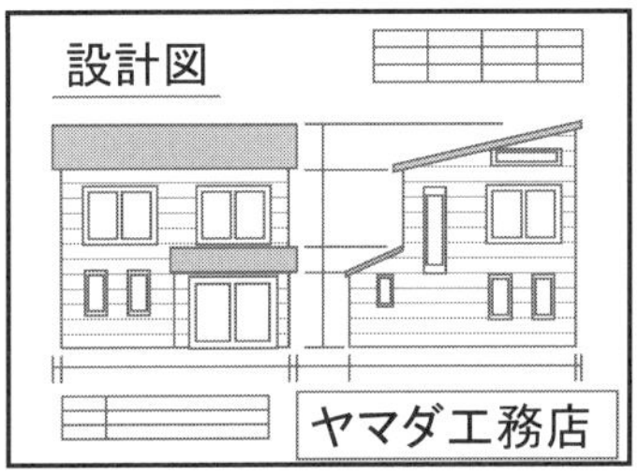

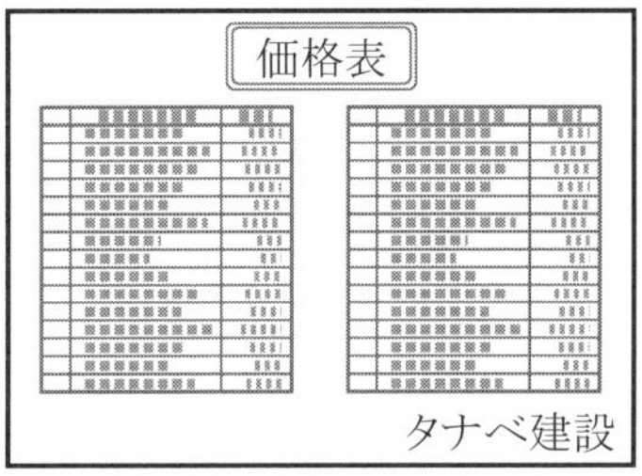 2

3 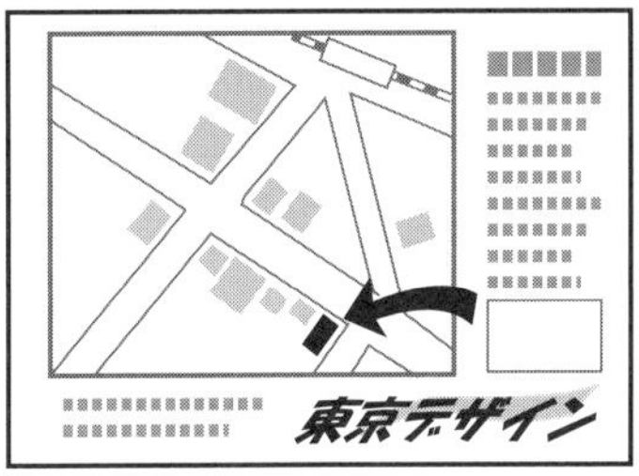

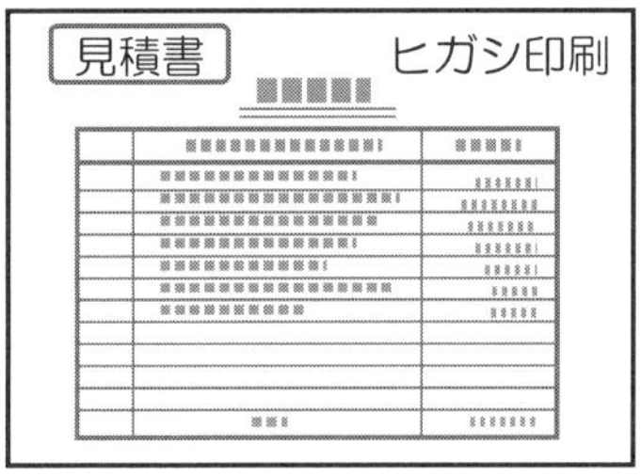 4

CD1 60 2番 ① ② ③ ④

1 日本通信の小川さんにすぐに電話してください。
2 日本通信の小川さんが見積書を郵送してほしいそうです。
3 日本通信の小川さんが見積書を郵送したとのことです。
4 日本通信の小川さんがまた電話をくれるそうです。

～次第＝～したらすぐ

CD1 61 3番 ① ② ③ ④

リース：lease 租赁
리스 (장기간의 임대차 계약)

のちほど=あとで

5　病院・いろいろな店で

At the Hospital and Various Shops
在医院及各种店家
병원 · 여러 상점에서

✿決まった表現を覚えましょう！

Make it a point to memorize fixed expressions!
应记住固定说法！　정형적인 표현을 외웁시다！

病院で

- 診察券／保険証 がありますか。　診察券：patient ID card　挂号证　진찰권　保険証：insurance card　保险证　보험증
- 熱を測ってください。Please take your temperature.　请量一下体温。　열을 재어 주십시오.
- 薬や食べ物にアレルギーがありますか。　アレルギー：allergy　过敏　알레르기
- これにおしっこを採ってください。　Please use this to collect a urine sample.　请用这个采尿。　이것으로 소변을 받으십시오.
- 血液検査／注射 をします。　血液検査：blood test　验血　혈액 검사　注射：injection　打针　주사
- レントゲン（＝X線）を撮ります。息を吸って…はい、止めてください。
  息を吸う：to take a breath　吸气　숨을 들여 마시다

店で

ファーストフード店で

- こちらでお召し上がりですか、お持ち帰りですか。（＝ここで食べるか、持って帰るか）
- お先にお会計失礼します。（＝先に、代金を払ってください）
- 申し訳ありません。～は少々お時間がかかります。できましたら、お席のほうにお持ちいたします。（＝出来上がったら席に持って行きます）

レンタルショップで

- 会員証をお作りしますので、運転免許証か学生証などお持ちでしょうか。
  運転免許証：driver's license　驾驶执照　운전면허증　　学生証：student ID card　学生证　학생증
- １週間のご利用でよろしいですか。
- 当日（＝その日のうちに返す）、１泊（＝次の日に返す）、２泊、３泊…
- ○月○日までにご返却お願いします。（＝返してください）
- 新作の料金は１泊～円です。　新作：new release　新作品　신작

れんしゅう （答えは別冊 p.22 ～ 23）

CD を聞いて、質問の答えとして最もよいものを一つ選んでください。

1番 ① ② ③ ④

1　チキンバーガーとホットコーヒー
2　チーズバーガーとアイスコーヒー
3　チーズバーガーセットとフライドポテト
4　チーズバーガーとホットコーヒー

「いいえ、いいです。」＝要りません

2番 ① ② ③ ④

1　今夜９時から食べたり飲んだりしなくてはいけない
2　今夜は早く寝なくてはならない
3　今晩９時からは食べたり飲んだりしてはいけない
4　今晩 10 時から、お水しか飲んではいけない

3番 ① ② ③ ④

第三章

第3章　いろいろな場所で聞きましょう

6 まとめ問題

時間：10分
答えは別冊 p.24 ～ 26

点数
／100

問題 I

10点 ×3問

まず質問を聞いてください。それから話を聞いて、１～４の中から、最もよいものを一つ選んでください。

CD1 65 **1番**　① ② ③ ④

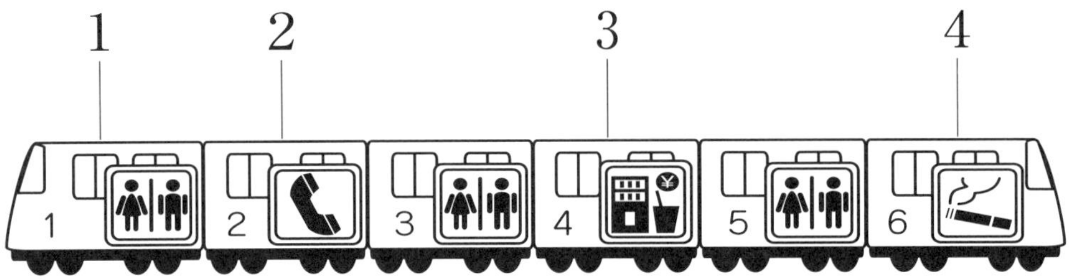

CD1 66 **2番**　① ② ③ ④

1　すぐに建物から出る
2　買い物を続ける
3　屋上に逃げる
4　机などの下に隠れる

CD1 67 **3番**　① ② ③ ④

1　雨と雷
2　台風
3　波と風
4　津波

問題Ⅱ

10点×3問

まず質問を聞いてください。そのあと、選択肢を読んでください。読む時間があります。それから話を聞いて、1～4の中から、最もよいものを一つ選んでください。

CD1 68 **1番** ① ② ③ ④

1　受付でカルテをもらってから、診察室に行く
2　血液検査をしてから、会計に行く
3　レントゲンを撮ったら、そこで説明を聞く
4　血液検査をしてレントゲンを撮ったら、診察室にもどる

CD1 69 **2番** ① ② ③ ④

1　1週間以内に本を取りに行く
2　来週の水曜日に図書館に行く
3　7日以内に借りていた本を返す
4　来週の火曜日までに本の予約をする

CD1 70 **3番** ① ② ③ ④

1　借りたいＤＶＤが借りられなかったから
2　無料だと思ったのにそうではなかったから
3　今日手続きに行くのが難しいから
4　手続きを女の人が手伝ってくれないから

問題Ⅲ

20点×2問

この問題は、全体としてどんな内容かを聞く問題です。話の前に質問はありません。まず話を聞いてください。それから質問と選択肢を聞いて、１～４の中から、最もよいものを一つ選んでください。

CD1 71 **1番** ① ② ③ ④

CD1 72 **2番** ① ② ③ ④

第4章（だいしょう）

いろいろな内容（ないよう）を聞（き）きましょう

Identifying the Topic of Discussion

听懂各种内容

여러 가지 내용을 들어 봅시다

第4章　いろいろな内容を聞きましょう

1　人(ひと)や物(もの)のようす

Describing People and Objects
人或物的状态
사람이나 사물의 모양

✿音声(おんせい)を聞(き)く前(まえ)に、イラストの中(なか)の違(ちが)いを見(み)つけておきましょう！

Spot the differences in the picture before the conversation starts!
在听声音之前，应找出各插图的不同之处！
음성을 듣기 전에 일러스트 간의 다른 점을 파악해 둡시다 !

人のようす

外見(がいけん)についてのことばや表現(ひょうげん)

外見(がいけん)：appearance　外观　외견

- ひげ facial hair　胡子　수염 / 白髪(しらが) white hair　白头发　백발　が 生(は)える
- 背(せ)が伸(の)びる to grow (taller)　个子长高　키가 커지다
- 体重(たいじゅう)が増(ふ)える to gain weight　体重增加　체중이 늘다 ↔ 減(へ)る / ダイエットをする
- 太(ふと)っている overweight, to be overweight　胖　뚱뚱하다 ↔ やせている
- スマート slim, stylish　苗条　날씬하다　❗英語(えいご)の smart と意味(いみ)が違(ちが)う。
- かっこいい good looking, cool　帅　멋있다 ↔ かっこ悪(わる)い
- （洋服(ようふく)などが）似合(にあ)う to suit, to look good on/in (clothes, hairstyle, etc.)　合适　어울린다
- 若(わか)く見(み)える to look young　显年轻　젊어 보인다 ↔ 老(ふ)けて見(み)える
- 年(とし)を取(と)る to age, to grow older　上年纪　나이가 들다

服(ふく)や身(み)につけるものについてのことばや表現(ひょうげん)

身(み)につける：to put on (clothes)　穿上　몸치장을 하다

- 長(なが)そで long sleeves, long-sleeved　长袖　긴소매
- 半(はん)そで short sleeves, short-sleeved　短袖　짧은 소매
- 柄(がら) pattern, design　花纹　무늬
- 無地(むじ) plain, solid color　素色　무지
- 派手(はで)な服(ふく) flashy clothes, flashy outfit　花哨的衣服　화려한 옷 ↔ 地味(じみ)な服(ふく)

物の形や状態

形(かたち)・サイズなどについてのことばや表現(ひょうげん)

- 丸(まる) circle, ring　圆　둥근 것
- 三角(さんかく) triangle　三角　삼각
- 四角(しかく) square　四方　사각
- 丸(まる)い round, circular　圆　둥근
- 細長(ほそなが)い slender, long and thin　细长　가늘고 긴
- 厚(あつ)い本(ほん) thick　厚　두꺼운 ↔ 薄(うす)い本(ほん) thin (material)　薄　얇은
- 大(だい)－中(ちゅう)－小(しょう)　SS(エスエス)－S(エス／スモール)－M(エム／ミディアム)－L(エル／ラージ)－LL(エルエル)　❗読(よ)み方注意(かたちゅうい)
- 7号(ごう)－9号(ごう)－11号(ごう)　＊特(とく)に女性(じょせい)の服(ふく)のサイズ（S－M－Lなど）を言(い)うときに使(つか)う。
- フリーサイズ one-size-fits-all　通用尺码　프리사이즈
- 新品(しんぴん) new (product, item)　新货　신품
- 中古(ちゅうこ) used (product, item)　二手货　중고

れんしゅう（答えは別冊 p.27）

CD を聞いて、質問の答えとして最もよいものを一つ選んでください。

CD2 2 **1番** ① ② ③ ④

メガネ、白髪、洋服に注意。

花柄：
flower pattern, design
花纹 꽃 모양

イメージが違う：
to look/appear different than imagined (or before) 印象不同
이미지가 다르다

(髪を)染める：
to dye (hair) 染头发
(머리카락을) 염색하다

CD2 3 **2番** ① ② ③ ④

1 黒っぽい無地のソファー
2 白っぽい無地のソファー
3 濃いブルーの柄のソファー
4 薄いブルーの柄のソファー

白っぽい：whitish
发白 흰색을 띠다

黒っぽい：blackish
发黑 거무스름하다

(色が)濃い：
dark (color)
(颜色)深 (색이)진하다
↔薄い

CD2 4 **3番** ① ② ③ ④

ワンサイズしかない＝サイズは一つしかない

第四章

2 場所（ばしょ）・方向（ほうこう）・位置（いち）

Place - Direction - Location
场所 · 方向 · 位置
장소 · 방향 · 위치

✿どこから数（かぞ）えるか、どの方向（ほうこう）から見（み）るかに注意（ちゅうい）しましょう！

Listen carefully to which position objects are being counted from and the direction from which the speaker is looking!
应注意从哪里开始数，从哪个方向看！　어디서부터 세는지，어느 방면에서 보는지에 주의를 기울입시다！

場所、方向、位置

上（うえ）
up, above, over
上　X 위

外（そと）・外側（そとがわ）
outside, on the outside of
外 / 外側　외부 / 바깥쪽

中（なか）
in the middle, inside
中　가운데

横（よこ）
on the side
旁边　옆

下（した）
down, below, under
下　아래

隅（すみ）／隅（すみ）っこ
corner, in the corner
角落　구석

内（うち）・内側（うちがわ）
inside, on the inside of
内 / 内側　내부 / 안쪽

真（ま）ん中（なか）／中心（ちゅうしん）／中央（ちゅうおう）
center, the middle
中央　가운데 / 중심 / 중앙

周（まわ）り
around (an area)
周围　주위

左端（ひだりはし）
left end, far left
左端 왼쪽 끝

左側（ひだりがわ）←
left side
左側　왼쪽

→右側（みぎがわ）
right side
右側　오른쪽

右端（みぎはし）
right end, far right
右端　오른쪽 끝

A	B	C	D	E	F

左（ひだり）から３つ目（みっつめ）
third from the left
从左数第三个　왼쪽에서 3 번째

Aのひとつおいてとなり
next to the spot right by A
与 A 相隔一个的旁边　A 의 하나 건너 옆

❗物（もの）を数（かぞ）える言葉（ことば）に注意（ちゅうい）。
～番目（ばんめ）　～軒目（けんめ）
～冊目（さつめ）など

北（きた）
north　北　북

西（にし）
west　西 서

東（ひがし）
east　东　동

南（みなみ）
south　南　남

地図や案内図

角（かど）
corner (of a street, intersection)
角　모퉁이

四つ角（よつかど）／交差点（こうさてん）
crossroads, intersection
四叉路 / 十字路口
네거리 / 교차점

向（む）こう
over there
对面　건너편

手前（てまえ）
before, in front of
跟前
자기쪽에 가까운 쪽

ななめ向（む）かい
diagonally across from
斜对面　대각선 방향 맞은 편

後（うし）ろ／裏（うら）
behind, in the back
后面 / 背面　뒤 / 뒷면

向（む）かい／前（まえ）
opposite side (of the street), in front of
对面 / 前面　맞은 편 / 앞

れんしゅう

（答えは別冊 p.28）

CD を聞いて、質問の答えとして最もよいものを一つ選んでください。

1番

① ② ③ ④

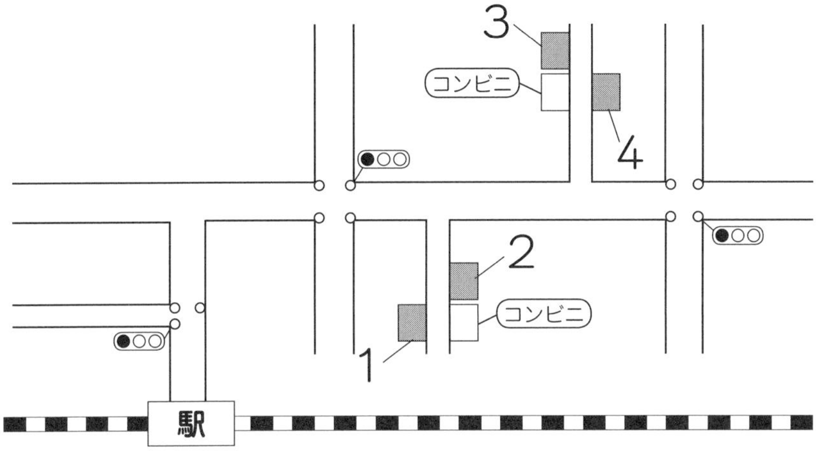

２回目に曲がるところに注意。

2番

① ② ③ ④

1 上から２段目の右のほう

2 上から２段目の左のほう

3 上から３段目の左のほう

4 一番上の段の右のほう

何段目かということに注意する。

3番

① ② ③ ④

「前はイタリアレストランだったところ」は、もうそのレストランはないという意味。

第四章

3 数・数字・計算

Numbers - Figures - Making Calculations
数 · 数字 · 计算
수 · 숫자 · 계산

✿計算がある問題でも、簡単な計算なので落ち着いて聞きましょう！

Don't let yourself be rattled by math-related questions. All the calculations are simple, so just relax and listen!
即使问题中有计算，也是较简单的计算，应沉着听清问题！　계산이 있는 문제라도，간단한 계산이니 침착하게 듣읍시다！

カレンダーに関することば

◆ 1日（ついたち）　2日（ふつか）　3日（みっか）　4日（よっか）　5日（いつか）　6日（むいか）　7日（なのか）　8日（ようか）　9日（ここのか）　10日（とおか）

◆ 14日（じゅうよっか）　19日（じゅうくにち）　20日（はつか）　24日（にじゅうよっか）　❗読み方に注意！

◆ 週末（しゅうまつ）　weekend　周末　주말
　月末（げつまつ）　end of the month　月末　월말
　年末（ねんまつ）　end of the year　年末　연말

日常でよく使われる単位

重さ（おも） 体重（たいじゅう）　weight　体重　체중	～g（グラム）　～kg（キロ(グラム)）
長さ（なが） 身長（しんちょう）　height　身高　신장 距離（きょり）	～mm（ミリ(メートル)）　～cm（センチ(メートル)）　～km（キロ(メートル)） ＊～kg／～km どちらも、「キロ」ということが多い。
割合（わりあい）　proportion, ratio　比例　비율	～割（わり）　～率（りつ）　～%（パーセント） ＊セールのときに、2割引、20%引、20%オフなどよく使う。

計算に関することば

＋ ◆ 足す／加える／プラスする　to add　加／加算／加上　더하다／더 넣다／플러스하다
　◆ 計／合計　total　共计／合计　계／합계

× ◆ 掛ける　to multiply　乘以　곱하다
　◆ 倍／2倍　2 times　2倍　두 배

－ ◆ 引く／取る／マイナスする　to subtract　减／减去／减掉　빼다／덜어내다／마이너스하다
　◆ 差　difference (in amount)　差　차이

÷ ◆ 割る　to divide　除以　나누다
　◆ 2分の1　half　2分之1　2분의 1

れんしゅう

（答えは別冊 p.29）

CD を聞いて、質問の答えとして最も良いものを一つ選んでください。

CD2 8 1番

① ② ③ ④

日	月	火	水	木	金	土
		1	2	3	4	5
6	7	8	9	10	11	12
13	14	15	16	17	18	19
20	21	22	23	24	25	26
27	28	29	30	31		

1 週間先＝1 週間後

CD2 9 2番

① ② ③ ④

1　約 47 キロ
2　約 49 キロ
3　約 51 キロ
4　約 54 キロ

3 キロ太る前は何キロ？

CD2 10 3番

① ② ③ ④

15 人の中に林さんは入っている？

第四章

4 順序・比較

Order - Comparison
顺序・比较
순서・비교

✿順序を表すことばや比較を表すパターンに注意しましょう！

Spot the patterns commonly used to indicate order or make comparisons!
应注意表示顺序的词语或表示比较的形式！　순서를 나타내는 말이나 비교하는 표현 패턴에 주의합시다！

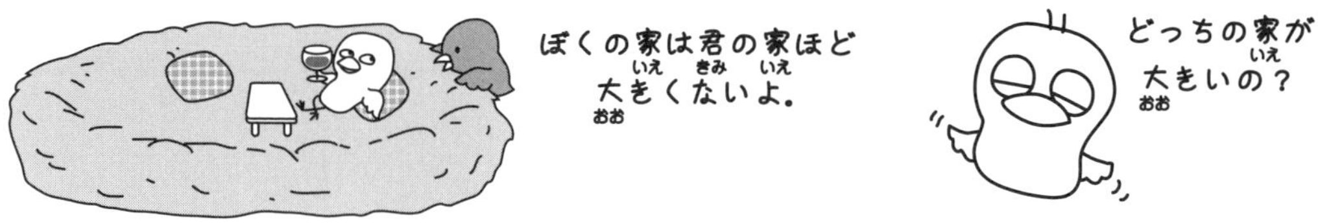

順序を表すことば

◆ 初めに / 最初に (first, in the beginning, at the start / 开头／最初 / 처음에／최초에) ～、次に / 2番目に (next, second / 其次／第2个 / 다음에는／두 번째는) ～、最後に / 終わりに (lastly, finally / 最后／结尾 / 최후에／마지막으로는) ～。

◆ 前は / この前(は) / この間(は) (before, the other (day, week, etc.) / 以前／之前／此前 / 전에는／지난 번에（는）／이전에（는）) ～だった。 次は / この次は (next, next time / 下次／下一次 / 다음은／이 다음（은）) ～だろう。

❗「今度」の使い方に注意！
- ◆今度の試験は難しかった。（＝近い過去）
- ◆今度、海へ行きましょう。（＝近い未来）
- ◆今度のテストはがんばろう。（＝次のとき）

★どっちを先にするかに注意しよう。

AB順
- ◆ AしてからBする　　食事してから映画を見よう。＊ 順序の「から」
- ◆ AしたあとBする　　食事をしたあと歯を磨こう。

BA順
- ◆ Aする前にBする　　寝る前に歯を磨く。
- ◆ AするまでにBする　　彼が来るまでに掃除しておく。
- ◆ AしようとしたときにBが起こる　　家を出ようとしたときに電話が鳴った。

比較を表すパターン

- ◆ AはBより～だ。　　田中さんの家は私の家より大きい。
- ◆ AよりBのほうが～だ。　　私、コーヒーより紅茶のほうが好きだ。
- ◆ Aが 最も／一番 ～だ。　　私にとってはカタカナが最も難しい。
- ◆ AはBほど～ではない。　　日本では、豚肉は牛肉ほど高くない。
- ◆ Aも～だがBほどじゃない。　　ニューヨークも車が多いが東京ほどじゃない。
- ◆ AはBに比べて～だ。　　今日は昨日に比べて暑い。

れんしゅう

（答えは別冊 p.30）

CD を聞いて、質問の答えとして最もよいものを一つ選んでください。

1番　① ② ③ ④

	漢字	文法	聴解
1	75 点	55 点	65 点
2	65 点	45 点	70 点
3	70 点	60 点	55 点
4	70 点	40 点	70 点

漢字と聴解のどちらが悪い点数かに注意。

2番　① ② ③ ④

1 駅
2 コンビニ
3 郵便局
4 銀行

お金を下ろす：
to withdraw money (from the bank, ATM)
取钱　돈을 인출하다

3番　① ② ③ ④

言い換えのことばに注意。

第四章

5　まとめ問題

時間：12分
答えは別冊 p.31 ～ 34

点数 ／100

問題Ⅰ

10点×3問

まず質問を聞いてください。それから話を聞いて、1～4の中から、最もよいものを一つ選んでください。

CD2 14　**1番**　① ② ③ ④

CD2 15　**2番**　① ② ③ ④

1　900円
2　1000円
3　1080円
4　1200円

CD2 16　**3番**　① ② ③ ④

1　買い物する
2　コーヒーを飲む
3　会社に行く
4　タクシーに乗る

問題Ⅱ

10点×3問

まず質問を聞いてください。そのあと、選択肢を読んでください。読む時間があります。それから話を聞いて、1～4の中から、最もよいものを一つ選んでください。

CD2 17

1番

① ② ③ ④

1 駅と同じ通り
2 マンションの3階
3 コンビニのとなり
4 レストランの向かい

CD2 18

2番

① ② ③ ④

1 デザインが気に入らないから
2 高級すぎて、今の自分にはもったいないから
3 薄すぎて、かっこ悪いから
4 父親が気を悪くするから

CD2 19

3番

① ② ③ ④

1 間違いを直す
2 みなみ商事に送る
3 みなみ商事に届ける
4 田中さんに取りに来てもらう

第四章

問題Ⅲ

20点×2問

この問題は、全体としてどんな内容かを聞く問題です。話の前に質問はありません。まず話を聞いてください。それから質問と選択肢を聞いて、１～４の中から、最もよいものを一つ選んでください。

CD2 20 **1番** ① ② ③ ④

CD2 21 **2番** ① ② ③ ④

第5章（だいしょう）

総まとめ問題（そうもんだい）

Comprehensive Review

综合练习题

총정리 문제

第5章　総まとめ問題

点数

／100

時間：22分

答えは別冊 p.35 ～ 42

問題 I

5点 × 6問

まず質問を聞いてください。それから話を聞いて、1～4の中から、最も良いものを一つ選んでください。

CD2 22

1番　① ② ③ ④

CD2 23

2番（ばん）

① ② ③ ④

1　午後（ごご）1時（じ）ごろ
2　午後（ごご）1時半（じはん）ごろ
3　午後（ごご）2時（じ）ごろ
4　午後（ごご）2時半（じはん）ごろ

CD2 24

3番（ばん）

① ② ③ ④

1　お湯（ゆ）を沸（わ）かしておく
2　炊飯器（すいはんき）のスイッチを入（い）れる
3　お米（こめ）を洗（あら）って、ご飯（はん）を炊（た）く
4　女（おんな）の人（ひと）を駅（えき）へ迎（むか）えに行（い）く

CD2 25

4番（ばん）

① ② ③ ④

1　１５００円（えん）
2　２０００円（えん）
3　２５００円（えん）
4　３０００円（えん）

第五章

CD2 26

5番(ばん)

① ② ③ ④

1 りんごを取(と)りに行(い)く
2 病院(びょういん)に行(い)く
3 おばあちゃんに電話(でんわ)する
4 友達(ともだち)の家(いえ)に行(い)く

CD2 27

6番(ばん)

① ② ③ ④

1 レシートを探(さが)す
2 買(か)ったところに電話(でんわ)する
3 メーカーに電話(でんわ)する
4 自分(じぶん)で修理(しゅうり)する

問題（もんだい）Ⅱ

5点（てん）×5問（もん）

まず質問（しつもん）を聞（き）いてください。そのあと、選択肢（せんたくし）を読（よ）んでください。読（よ）む時間（じかん）があります。それから話（はなし）を聞（き）いて、１～４の中（なか）から、最（もっと）もよいものを一（ひと）つ選（えら）んでください。

CD2 28

１番（ばん）

① ② ③ ④

1　時間（じかん）を間違（まちが）えたから
2　日（ひ）にちを間違（まちが）えたから
3　前（まえ）の番組（ばんぐみ）が時間通（じかんどお）りに終（お）わらなかったから
4　野球（やきゅう）の試合（しあい）が中止（ちゅうし）になったから

CD2 29

２番（ばん）

① ② ③ ④

1　男（おとこ）の人（ひと）の釣（つ）りに対（たい）する考（かんが）え方（かた）に賛成（さんせい）できないから
2　魚（さかな）を食（た）べるのはかわいそうだから
3　昨日（きのう）の晩（ばん）ご飯（はん）に誘（さそ）ってもらえなかったから
4　釣（つ）りはすべきではないと思（おも）っているから

CD2 30

３番（ばん）

① ② ③ ④

1　ボーナスで全額返（ぜんがくかえ）す
2　ボーナスで半分返（はんぶんかえ）して、来月（らいげつ）の給料日（きゅうりょうび）に残（のこ）りの半分（はんぶん）を返（かえ）す
3　来月（らいげつ）の給料日（きゅうりょうび）に全額返（ぜんがくかえ）す
4　来月（らいげつ）までにだれかに借（か）りて全額返（ぜんがくかえ）す

第五章

CD2 31

4番

① ② ③ ④

1 すぐに席を代わってあげる
2 気がつかないふりをする
3 考えているうちに、席を代わってあげる機会をなくす
4 次の駅で降りるふりをして、席からはなれる

CD2 32

5番

① ② ③ ④

1 海側の和室
2 山側の洋室
3 海側の洋室
4 山側の和室

問題Ⅲ

5点×3問

この問題は、全体としてどんな内容かを聞く問題です。話の前に質問はありません。まず話を聞いてください。それから質問と選択肢を聞いて、1～4の中から、最もよいものを一つ選んでください。

CD2 33 **1番** ① ② ③ ④

CD2 34 **2番** ① ② ③ ④

CD2 35 **3番** ① ② ③ ④

問題Ⅳ

3点×3問

絵を見ながら質問を聞いてください。矢印（➡）の人は何と言いますか。1～3の中から、最もよいものを一つ選んでください。

CD2 36 **1番** ① ② ③

CD2 37 **2番** ① ② ③

CD2 38 **3番** ① ② ③

問題V

3点×7問

まず文を聞いてください。それからその返事を聞いて、1～3の中から、最もよいものを一つ選んでください。

CD2 39 **1番** ① ② ③

CD2 40 **2番** ① ② ③

CD2 41 **3番** ① ② ③

CD2 42 **4番** ① ② ③

CD2 43 **5番** ① ② ③

CD2 44 **6番** ① ② ③

CD2 45 **7番** ① ② ③

イラスト	花色木綿
翻訳・翻訳校正	株式会社ラテックス・インターナショナル（英語） 株式会社シー・コミュニケーションズ（中国語） 李銀淑（韓国語）
ナレーション	沢田澄代　田丸楓　遠近孝一　山中一徳
録音・編集	スタジオ グラッド
DTP	りんがる舎
装丁	岡崎裕樹
印刷・製本	日経印刷株式会社

「日本語能力試験」対策

日本語総まとめ N3 聴解

2011年　9月30日　初版　第1刷発行
2020年　9月15日　初版　第11刷発行

本体価格　1,600円

著　者　佐々木仁子・松本紀子
発　行　株式会社アスク出版
〒162-8558　東京都新宿区下宮比町2-6
TEL　03-3267-6864
発行人　天谷修身

　Printed in Japan　ISBN978-4-87217-793-0

アンケートにご協力ください

PC https://www.ask-books.com/support/　Smartphone

解答・スクリプト

Answer Keys and Scripts
正确答案及问题原文
해답・ 스크립트

こちら側に引っ張って切り離してください。

第1章　準備をしましょう

1　発音について

(p.13)

	スクリプトとこたえ
1番 CD1 2	例題) まち(町)　マッチ ①レッスン ②まっすぐ ③ポケット ④ゆっくり ⑤ストップ ⑥せっけん(石鹸) ⑦ちかてつ(地下鉄) ⑧いってらっしゃい
2番 CD1 3	例題) セーター　しゅみ(趣味)　きのう(昨日) ①ゆうびんきょく(郵便局) ②バースデーパーティー ③ちゅうしゃじょう(駐車場) ④おじさん(伯父さん・叔父さん) ⑤りゅうがくせい(留学生) ⑥きょうとりょこう(京都旅行) ⑦じゅうがつとおか(十月十日) ⑧きれいなおねえさん(きれいなお姉さん)
3番 CD1 4	例題) 早く早く、バス**いっちゃう**よ。 (**いってしまう**) ①牛乳全部**のんじゃった**。また、買って**こなきゃ**。 (**のんでしまった**)　(**こなければならない**) ②**そっちいっちゃ**だめだよ。危ないよ。 (**そちら(へ)**)(**いっては**) ③テレビ見る前に、宿題**やっちゃおう**。 (**やってしまおう**) ④あ、あの人、**こっち**見て**わらってる**。 (**こちら(を)**)(**わらっている**)

第1章　準備をしましょう

2　文法について①

(p.15)

		こたえ	スクリプト
1番 CD1 5	例題)	森さん	男：森さんに書いてもらってください。 女：はい、そうします。
	①	女の人	男：あ、持ってきてくれたの？ 女：ええ。
	②	男の人	男：写真を撮らせていただけないでしょうか。 女：あ、いいですよ。
	③	森さん	男：森さんに行ってもらおうか。 女：そうですね。
	④	女の人	男：森さんに仕事を手伝わされたんだって？ 女：そうなんですよ。
	⑤	男の人	男：それ、ぼくにも使わせて。 女：いいですよ。
2番 CD1 6	①	3	男：このペン、借りてもいい？ 女：いいですよ。
	②	1	男：森さんに、ほめられたんだって？ 女：ええ、そうなの。
	③	2	男：森さんに、書類を作ってもらおうと思ったんですけど。忙しそうですね…。 女：じゃ、私がいたしましょうか。 男：そうしていただけますか。助かります。
	④	2	男：顔色が悪いですよ。どうしたんですか。 女：ええ、ちょっと具合が悪いんです。明日、午前中に病院へ行ってきてもよろしいですか。 男：ええ、かまいませんよ。
	⑤	1	女：頭が痛いんだって？ また飲みすぎたんでしょ。 男：そうなんだよ。昨日、森さんが飲め飲めって言うもんだから。

3　文法について②

(p.17)

	こたえ	スクリプト
1番　例題) CD1-7	1	ご存知ですか。
①	2	どちらにお住まいですか。
②	2	何になさいますか。
③	1	お荷物、お預かりいたします。
④	2	おかけになってお待ちください。
⑤	1	メニューをお持ちしました。
2番 CD1-8　①	1	男：ちょっと、伺いますが…。 女：はい、なんでしょう。
②	2	女：では、明日10時までにこちらにいらしてください。 男：わかりました。
③	3	女：何か、お探しですか。 男：いえ、見てるだけです。
④	3	男：2番目にお待ちのお客様、こちらにどうぞ。
⑤	1	女：本日のランチです。AとBがございます。お飲み物はこちらからお選びください。お決まりになりましたら、こちらのボタンを押して、お知らせください。

第1章　準備をしましょう

4　会話表現

(p.19)

		こたえ	スクリプト
1番 CD1 9	①	2	男：どう、このシャツ。 女：いいんじゃない？
	②	1	男：あー、事故か、まったく。 女：混んでるわけね。
	③	1	男：もう食べないの？　ダイエットしてるの？ 女：そういうわけじゃないけど。
	④	2	男：開演まで、あと 10 分だね。 女：早く始まらないかなあ。
	⑤	1	男：ねえねえ、それでさあ、結局ね… 女：あー、ちょっと、話しかけないでくれない？
	⑥	2	男：ちょっと遅くなっちゃって…大丈夫ですよね。 女：申し訳ございません。受付は 11 時までとなっておりますので…。
2番 CD1 10	①	1	男：この自転車、修理して何年も使ってきたけど、とうとう…
	②	2	男：この絵の良さは、私にはさっぱり…
3番 CD1 11	①	2	男：パソコン直ったよ！ 女：さすがね！
	②	1	男：今度一緒に、映画でも行きませんか。 女：ぜひ。

5　まとめ問題(もんだい)

(p.20～22)

問題Ⅰ

(p.20)

CD1 12

		こたえ	スクリプト
	①	4	ふうとう　（封筒）
	②	3	とけい　（時計）
	③	2	オートマチック(automatic)
	④	1	だいひょう(代表)
	⑤	1	さんぎょう(産業)

問題Ⅱ

(p.20～22)

		こたえ	スクリプト
1番(ばん) CD1 13	①	2	行(い)かなきゃ。
	②	2	見(み)ちゃおう。
	③	1	こっち来(き)て。
	④	1	見(み)ないでくれないかなあ。
	⑤	2	ご乗車(じょうしゃ)にはなれません。
2番(ばん) CD1 14	①	1	女(おんな)：すみません、写真(しゃしん)を撮(と)ってもらえませんか。 男(おとこ)：いいですよ。
	②	2	女(おんな)：いつもごちそうになってるから、今日(きょう)は私(わたし)に払(はら)わせて。 男(おとこ)：うん、わかった。
	③	2	女(おんな)：ちょっと、それ貸(か)してくれる？ 男(おとこ)：はい。
	④	1	女(おんな)：教(おし)えてあげようか。 男(おとこ)：はい。
	⑤	1	女(おんな)：字(じ)がきれいですね。 男(おとこ)：そうですか？

		こたえ	スクリプト
3番(ばん) CD1 15	①	2	30分(ぷん)待(ま)っても来(こ)なかったら、帰(かえ)ってもいいことになっています。
	②	1	給料(きゅうりょう)がいいわけじゃないけど、この仕事(しごと)が好(す)きなんです。
	③	2	来週(らいしゅう)は今週(こんしゅう)ほど忙(いそが)しくないんじゃないかな。
	④	1	もう日本(にほん)は10年(ねん)ですか。日本語(にほんご)が上手(じょうず)なわけですね。
	⑤	2	午後(ごご)なら空(あ)いているんですが、午前(ごぜん)はちょっと…。
4番(ばん) CD1 16	①	2	女(おんな)：みんなの前(まえ)で発表(はっぴょう)してもらいます。 男(おとこ)：えー。
	②	1	男(おとこ)：今日(きょう)はどうされますか。 女(おんな)：カットしてください。
	③	1	男(おとこ)：明日(あした)また来(き)てください。 女(おんな)：わかりました。
	④	1	男(おとこ)：何(なに)その絵(え)、下手(へた)だなあ、ハハハ。 女(おんな)：失礼(しつれい)ね。
	⑤	2	男(おとこ)：先(さき)に食事(しょくじ)に行(い)っていいよ。 女(おんな)：では、そうさせていただきます。
5番(ばん) CD1 17	①	1	田中様(たなかさま)でいらっしゃいますか。
	②	2	お名前(なまえ)は伺(うかが)っております。
	③	2	お名前(なまえ)をお書(か)きになって、お待(ま)ちください。
	④	1	どうされましたか。
	⑤	2	証明書(しょうめいしょ)をお書(か)きしますので、それをお持(も)ちください。

第2章　問題のパターンに慣れましょう

1　何と言いますか－発話表現－

(p.25)

	こたえ	スクリプト
1番 CD1 20	2	本を読んでいますが、テレビの音がうるさいです。何と言いますか。 1　ちょっと、テレビの音、小さいんだけど…。 2　ちょっと、テレビを消してくれない？ 3　ちょっと、テレビ見えないんだけど…。
2番 CD1 21	1	会社にお客さんが来ました。ここで待ってもらいたいです。何と言いますか。 1　どうぞ、おかけになってお待ちください。 2　どうぞ、お待ちしています。 3　どうぞ、ここでお待ちしてよろしいですか。

第2章　問題のパターンに慣れましょう

2　どんな返事をしますか－即時応答－

(p.27)

	こたえ	スクリプト
1番 CD1 23	3	顔色が悪いですよ。どうしたんですか。 1　小さい頃は、よくそう言われましたが…。 2　顔の色は、なんともないですが…。 3　さっきから、ちょっとおなかの調子が…。
2番 CD1 24	1	どうぞ、召し上がってください。 1　どうぞおかまいなく。 2　遠慮していただきます。 3　では、お邪魔します。
3番 CD1 25	3	山田さん、お昼に、新しくできたおそば屋さんに行かない？ 1　私は、うどんよりおそばがいいわ。 2　そうそう、新しいコンビニができたんだって？ 3　あ、今日は、お弁当持ってきたの。
4番 CD1 26	1	ねえ、知ってる？ 田中さん、彼と別れたんだって。 1　へえー、そうなのー。 2　へえー、そうなるのー。 3　へえー、そうしたのー。

3　何をしますか－課題理解－

(p.29)

	こたえ	スクリプト
1番 CD1 28	4	男の人と女の人が、車のパンフレットを見ながら話しています。2人は、どのタイプの車を買いますか。 男：これ、かっこいいよなー。 女：だめだめ、そんな2人しか乗れないのは。あなたのお父さんやお母さんも乗せることがあるし、私たちだって、赤ちゃんができるかもしれないし。 男：わかってるよ。ただ、こんな車に乗るのが夢だったんだよ。えーっと、長いものを入れることもあるから、大きいけど、こういうのにしようか。 女：うん、いいかもー。でもー、うちのガレージ低いのに、入るの？ 男：あー、無理だ。じゃ、やっぱり、このタイプしかないよね。 女：うん、これで決まりね(※)。値段は安くないけどね。色は、何がいい？ 2人は、どのタイプの車を買いますか。
2番 CD1 29	3	大学で、男の学生が先生の手伝いをしています。男の学生は、このあとまず何をしますか。 男：先生、このプリント、教室に持っていきましょうか？ 女：ありがとう。あ、でも、それ全部は必要ないから、ちょっと待って。必要なものと、必要じゃないものと分けるから。 男：はい。じゃ、先に教室に行って、窓を開けておきます。今日は、暑いから。 女：そうね。お願いね。あー、教室に行く前に、となりの田中先生の部屋に、これを持っていってくれる？　置いてくるだけでいいから。窓を開けたら、またここへ戻ってきてね。持っていくものがたくさんあって、1人で持てないから。 男：はい、わかりました。 男の学生は、このあとまず何をしますか。

(※) これで決まり：This is the one/This one. That settles it. Let's go with this.　就这么定了　이것으로 하자

第2章　問題のパターンに慣れましょう

4　どうしてですか－ポイント理解－

(p.31)

	こたえ	スクリプト
1番 CD1 32	1	男の人と女の人が、これから本屋に行きます。女の人は、何を買うつもりですか。 女：ねえ、これから本屋に行くんだけど、一緒に行かない？ 英語の辞書がほしいって言ってたでしょ？ 男：あ、辞書は、電子辞書を買ったからいいんですが、ほしい雑誌があるから、行きます。 田中さんは、何を買うんですか。 女：ガイドブック。今度の休みに京都へ行く予定なの。詳しい地図の載ったものがほしいの。ついでに、私も週刊誌買うわ。あの本屋、大きくないけれど、雑誌コーナーは、充実していて(※)いいよね。 男：はい、本当に。ぼくのほしい雑誌は普通の本屋にはないけれど、あそこにはあるんですよ。 女の人は、何を買うつもりですか。
2番 CD1 33	2	会社で、男の人と女の人が話しています。女の人が、会社に歩いてくるのはどうしてですか。 男：便利なところに引っ越したんだって？ 女：うん、駅前のマンションだから、買い物なんかにも本当に便利よ。 男：駅前かあ、いいねー。ぼくなんか駅まで20分もかかるよー。 女：でもね、電車にもあんまり乗らなくなっちゃった。最近は、会社までも歩いて来てるの。 男：へー、健康のため？ 女：ううん、そうじゃないの。駅が地下深いところにあるから、電車に乗るまで時間がかかっちゃうし、ほら、ここも上に出るまでエスカレーターに何本も乗らないといけないじゃない？ 会社まで２駅だし、歩くのもそんなに時間が変わらないのよ。 男：そうかー。確かに東京の地下鉄の駅って、すごく深いところにあるからなー。 女の人が、会社に歩いてくるのはどうしてですか。

(※) 充実する： to have a lot of (content, features, items, etc.); to have many (different types)　充实　종류나 내용이 풍부하다

5　どんな内容ですか－概要理解－

(p.33)

	こたえ	スクリプト

1番 CD1 35　**こたえ：3**

会社の昼休みに、男の人と女の人が話しています。

女：この頃、うちの会社も出張が多くなったよね。疲れるでしょう。
男：先月行ったばかりなのに、また出張だよ。まったく、海外出張っていうのは、特にストレスがたまるんだよ。やっぱり英語には苦労するし、行っている間、ずっと緊張のしっぱなしだから。
女：わかるわかる。私もこの頃、会議続きで疲れちゃって、休みの日に出かける元気もないの。
男：お互い、ちょっと長い休みが必要だよね。

男の人と女の人は、何について話していますか。

1　出張の場所
2　会議のやり方
3　仕事のストレス
4　今度の休み

2番 CD1 36　**こたえ：2**

女の人が、レストランに電話をしています。

女：今度の日曜日の６時に予約を入れている、青木と申しますが、ちょっとお聞きしたいことがありまして。
レストランの人：はい、どのようなことで。
女：今、６人で予約をしているんですが、２人増えますが、大丈夫でしょうか。
レストランの人：あ、大丈夫ですよ。皆様、同じ 4000 円のコースでよろしいですよね。
女：え？ 3000 円のコースを予約しているはずですけれど。
レストランの人：あ、3000 円のコースでしたね。失礼いたしました。
女：１人、20分ほど遅れるかもしれないということなんですが…。
レストランの人：では、先にお飲み物をお出しして、お食事を始めるのは、皆様がおそろいになって(※)からということにしましょうか。
女：それでお願いできますか。

女の人は、何のためにレストランに電話をしましたか。

1　予約の時間を変更するため
2　予約の人数を変更するため
3　料理の内容を聞くため
4　料理の内容を確認するため

(※) 皆様がおそろいになる＝全員がそろう：to have everyone assembled, to have everyone gathered together
全体到齐　전원이 모이다

第2章 問題のパターンに慣れましょう

6 まとめ問題

(p.34～36)

問題Ⅰ

(p.34)

	こたえ	スクリプト
1番 CD1 37	2	久しぶりに、知り合いに会いました。何と言いますか。 1 ご無沙汰になっております。 2 ご無沙汰しておりました。 3 ご無沙汰いたします。
2番 CD1 38	3	教科書を忘れてしまいました。何と言いますか。 1 教科書、忘れちゃったの。見てもらえない？ 2 教科書、忘れちゃったの。見せてくれていい？ 3 教科書、忘れちゃったの。見せてもらえない？

問題Ⅱ

(p.34)

	こたえ	スクリプト
1番 CD1 39	1	先日は、ありがとうございました。 1 いえいえ、こちらこそ。 2 どうも、おかげさまで。 3 はい、とんでもありません。
2番 CD1 40	3	どこで日本語を習われたんですか。 1 自分で習いました。 2 だれも習わなかったんです。 3 特に習ったわけではないんです。
3番 CD1 41	3	鈴木君、ちょっと残って手伝ってくれないかな。 1 すみません。残らないんですが…。 2 すみません。手伝わないんですが…。 3 すみません。約束があって…。

問題Ⅲ

(p.35)

	こたえ	スクリプト

1番 CD1 42 　こたえ：**2**

男の人が歯医者に電話をしています。男の人は、いつ歯医者に行くことになりましたか。

男：すみません。明日の6時半に予約している田中ですが、明日から10日間出張することになりまして…。帰ってからでは…。
女：そうですね、では、今から来られますか。
男：いえ、すぐには出られないので、えっとー、6時なら…。
女：わかりました。予約の方がいらっしゃいますから、ちょっとお待ちいただくと思いますけれど…。
男：はい、大丈夫です。すみません。

男の人は、いつ歯医者に行くことになりましたか。

2番 CD1 43 　こたえ：**1**

2人の女の人が話しています。2人は、今日これから何をしますか。

女1：映画のチケットもらったんだけど、今度行かない？ これなんだけど…。
女2：あ、それ、私、行きたかったの。うれしいー。パートⅠもすごくおもしろかった。
女1：私、パートⅠ、まだ見てないんだ。
女2：あ、そう…パートⅡを見る前にⅠは見ておいたほうがいいよー。私、DVD持ってるよ。
女1：ほんと？ 借りようかな。
女2：ねえ、今からうちに寄って見ていかない？ 私ももう一度見ておきたいから。
女1：いいの？ じゃ、これは、来週にでも行こう。

2人は、今日これから何をしますか。

3番 CD1 44 　こたえ：**3**

会社で、男の人と女の人が、明日の電車のストライキについて話しています。女の人は、どうやって会社に来ますか。

女：明日、私鉄のストライキですよね。
男：そうだね。ぼくは車で来るつもりだけれど、君は？
女：ＪＲ(※1)と地下鉄を乗り継いで(※2)と思っているんですが…。
男：家からＪＲの駅は近いの？
女：それが遠いんですよ。歩くと30分はかかるんです。
　　主人に車で送ってもらえればいいんですが、あいにく主人は出張中で…。
男：大変だね。でも、車も混んでいて大変だろうねえ…。

女の人は、明日どうやって会社に来ますか。

(※1)　ＪＲ(= Japan Railways)：A major railroad network that covers all of Japan.
日本全国的主要铁路网。 일본 전국에 있는 주요 전철망.

(※2)　乗り継ぐ：to change/transfer (to a different train), to connect (to a different flight) 转乘 목적지에 도착하기 위한 갈아타기

問題Ⅳ

(p.36)

	こたえ	スクリプト
1番 CD1 45	4	学校で、男の学生と女の学生が話しています。男の学生は、どうして元気がないのですか。 女：元気ないね。どうしたの。 男：さっき、佐藤先生に呼び出されてさ。「君、出席日数もぎりぎりだし、レポートも出していないし、今度の試験でがんばらないと、卒業、危ないぞ(※1)。」って言われたんだ。 女：ほんと？ でも、大丈夫でしょう。いつもテストはいい点取っているじゃない。 男：いや…どうしよう…。今回は、自信ないんだ。サボって(※2)ばかりいたから…。テスト、あさってだけど、今日も明日もバイトだし…。バイト休んで勉強したほうがいいかなあ…。 女：そうしたほうがいいかもよ。とにかく、がんばらないと。 男の学生は、どうして元気がないのですか。
2番 CD1 46	4	2人の女の人が田中さんについて話しています。2人は、何について驚いていますか。 女1：ねぇ、田中さんってまだ30代だったって知ってた？ 女2：うそー！ 私、50近いと思ってた。 女1：私も。45は絶対に過ぎてると思ってたんだけど、まだ38なんだって。 女2：へぇー、びっくり。まあ、そういえば、子どもがまだ小さいんだよね。 女1：そう。上は4年生で、下の子は、まだ1年生だって。 女2：私、年取ってできた子どもだと思ってた。 女1：私も。 2人は、何について驚いていますか。

(※1) 卒業が危ない： might not graduate, in danger of not graduating　恐怕毕不了业　졸업하기 어렵다

(※2) サボる： to skip (school, practice, work, etc.)　旷课　게으름을 피우거나 수업에 출석하지 않았다

問題V

(p.36)

<table>
<tr><th></th><th>こたえ</th><th>スクリプト</th></tr>
<tr><td>1番
CD1 47</td><td>2</td><td>男の人と女の人が、子どもが今１人いる母親に聞いた調査の結果について、話しています。

女：このアンケートの結果、おもしろいよ。子どもが今１人いる母親 100 人に、あと何人子どもがほしいかって聞いたら、ほとんどが、もういらないって答えたんだって。
男：へえー。意外だねえ。でも、そのアンケートって、ちょっとおかしいよ。だって、今いる子どもの年齢によっても違うんじゃないの。まだ小さければ、もう１人ほしいなと思うだろうし、６歳以上になってたら、もういらないって答える人が多いんじゃない？ その結果、そのまま信じないほうがいいと思うよ。
女：そう言われればそうね。私なんか、あと３人はほしいと思っているものね。
男：えー！

男の人は、このアンケートについてどう思っていますか。
1　結果が自分の意見と違うので不満だ
2　アンケートの仕方に問題がある
3　結果に間違っているところがある
4　自分たちにアンケートしてほしかった</td></tr>
<tr><td>2番
CD1 48</td><td>1</td><td>男の人が友達に電話をしましたが、いなかったので、留守番電話に用件を入れました。

男：もしもし、おれ、加藤だけど。頼みたいことがあって。先輩がロックのライブをやるっていうんだけど、チケットを買ってくれないかって言われて…。おれは、バイトが休めないから行けないんだけど、先輩に世話になっているから、売ってあげますって言っちゃったもんで。今度の日曜、６時から。場所は新宿。チケットは 1000 円。都合どう？ 電話、待ってるよ。よろしく。

加藤さんは、何のために友達に電話しましたか。
1　ライブのチケットを売るため
2　ライブに一緒に行ってもらうため
3　ライブの時間と場所を知らせるため
4　ライブにだれが出るか教えるため</td></tr>
</table>

第3章　いろいろな場所で聞きましょう

1　町で

(p.39)

	こたえ	スクリプト
1番 CD1 50	4	スーパーマーケットのアナウンスです。アナウンスの内容と合わないものはどれですか。合わないものです。 アナウンス：毎度ご来店くださいまして、ありがとうございます。本日日曜日はお魚の日！新鮮なお魚がお買い得となっております。また、冷凍食品が、全品半額です。この機会にお求めください(※1)。1パック98円の卵はお一人様1パックでお願いいたします。ただ今、当店(※2)では、お得な情報をメールでお知らせする携帯メール会員を募集しております。ぜひご入会ください！ アナウンスの内容と合わないものはどれですか。
2番 CD1 51	1	電車のアナウンスです。アナウンスの内容と合うものはどれですか。 車掌：本日も、ご乗車ありがとうございます。この電車は、快速特急羽田空港行きです。次は、日本橋に止まります。日本橋を出ますと、新橋に止まります。宝町、東銀座には止まりません。通過駅でお降りのお客様は、次の日本橋であとから参ります快速にお乗り換えください。お客様にお願い申し上げます。携帯電話はマナーモードにし、通話は、ご遠慮ください。 アナウンスの内容と合うものはどれですか。
3番 CD1 52	1	店内放送をしています。呼ばれた人は、何をしなければなりませんか。 女：毎度ご来店くださいまして、ありがとうございます。お客様に、お知らせいたします。さきほど、靴売り場でお買い物をされたお客様、お言付けがございますので、売り場まで、お戻りください。 呼ばれた人は、何をしなければなりませんか。 1　靴売り場へ戻る 2　車の移動をする 3　忘れ物を取りに行く 4　連れの人に連絡する

(※1)　お求めください＝買ってください

(※2)　当店＝この店

2　天気予報・交通情報

（p.41）

	こたえ	スクリプト
1番 CD1 53	2	テレビの天気予報です。東京の天気を表しているのは、どれですか。 アナウンサー：明日から３連休(※1)という方も多いと思います。では、気になるお天気です。北海道は、日本海側を中心にあいにくの雨ですが、20日月曜日には、晴れるでしょう。東北の太平洋側から関東地方は、週末は晴れますが、３日目は曇りのち雨。九州から沖縄にかけて(※2)は、３日間とも晴れて暑くなるでしょう。 東京の天気を表しているのは、どれですか。
2番 CD1 54	3	ラジオの交通情報です。12時20分に着くはずの飛行機は、どうなりますか。 アナウンサー：それでは、到着便の変更をご案内いたします。マレーシア航空88便のクアラルンプール発は、1時間20分遅れて、8時15分に到着。12時20分が定刻のノースウエスト28便マニラ発は、40分早く、11時40分に到着。ユナイテッド航空827便ホノルル発は、1時間15分遅れて15時ちょうどに到着の予定です。 12時20分に着くはずの飛行機は、どうなりますか。
3番 CD1 55	1	テレビの地震情報です。東京について、正しいものはどれですか。 アナウンサー：ただ今、関東地方で地震がありました。震源は茨城で、震度4、マグニチュード4.5、千葉、埼玉、東京は震度３です。この地震による津波の心配はありません。 東京について、正しいものはどれですか。 1　震度は３である 2　震度は４である 3　震度は4.5である 4　津波の心配がある

（※1）３連休＝３日間続く休み

（※2）～から～にかけて：from ... to　从～到～　~부터~에 걸쳐서

第3章　いろいろな場所で聞きましょう

3　学校で

(p.43)

	こたえ	スクリプト
1番 CD1 56	1	**図書館のカウンターで話しています。学生の探している本は、どこにありますか。** 学生：　すみません、この本はどこにありますか。インターネットで調べて、あることはわかったんですが…。この番号のところ探しても見つからなくて…。810の…。 図書館の人：　えーっと…ああ、これは指定図書ですね。 学生：　え？ 図書館の人：　授業で使う本ですね。 学生：　はいはい、そうです。 図書館の人：　そういう本は別のところにあるんです。今、ここにいますね。…で、ここです。 学生：　あ、わかりました。ありがとうございました。 **学生の探している本は、どこにありますか。**
2番 CD1 57	4	**留学生が、日本語学校の受付で話しています。この学生は、どのようにお金を払う予定ですか。** 受付：　入学手続きですね。入学金と授業料で… ヤン：　あ、すみませんが、毎月払ってもいいですか。それか、半分とか。 受付：　いいえ、それはできないことになっているんです。 ヤン：　できない…ですか。 受付：　はい。6か月コースの授業料を全部と、入学金と。教材費は最初の授業の日でもかまいません。 ヤン：　きょうざいひ…あ、本の…。わかりました。でも、今日はそんなに持っていないんです。 受付：　クラスが始まる1週間前までなら、いいですよ。えーっと、24日まででですね。 ヤン：　わかりました。明日持ってきます。入学金は、今日払います。本のお金は、最初の授業のときに…。 **この学生は、どのようにお金を払う予定ですか。**

	こたえ	スクリプト
3番 CD1 58	2	先生が、教室で説明しています。 先生：月・水・金は、この教科書を使います。必ず予習をしてきてください。文法の説明を読んでくること。それと、新しいことばを覚えてくること。新しい課を勉強する前に、その課の単語の小さいテストをします。授業の最初にします。あとで受けることはできませんから、授業には、遅れないようにしてください。 先生は、何について説明しましたか。 1　教科書の注文の仕方について 2　予習の仕方や単語テストについて 3　月・水・金以外の授業について 4　出席、宿題、試験と成績について

第3章 いろいろな場所で聞きましょう

4 職場で

(p.45)

	こたえ	スクリプト
1番 CD1 59	3	女の人が会社に電話しています。女の人に届いたファックスはどれですか。 女：もしもし。あ、課長、木村です。今、ヤマダ工務店(※1)さんのほう終わったところです。 男：お疲れさま。 女：それで、遅くなってしまいましたので、社には戻らず、このまま帰らせていただいてよろしいでしょうか。 男：うん、いいよ。あ、ちょっと待って。ファックス来てるけど、いいの？ 女：あ、ヒガシ印刷(※1)さんからの見積書(※2)ですか？ 男：いや、東京デザイン(※1)の伊藤さんだって。 女：あ、地図ですね、来週の打ち合わせ(※3)の。すみません、机の上に置いておいてください。 女の人に届いたファックスはどれですか。
2番 CD1 60	3	電話で話しています。女の人は、大山さんに何と伝えますか。 男：日本通信(※1)の小川と申しますが、大山様はいらっしゃいますでしょうか。 女：お世話になっております。あいにく大山は、ただ今接客中(※4)で…。終わり次第、こちらからお電話させましょうか。 男：あ、いえ。お見積書を郵送させていただいたとだけお伝えください。 女の人は、大山さんに何と伝えますか。
3番 CD1 61	4	留守番電話のメッセージを聞いてください。メッセージを聞いた人は、どうすればいいですか。 男：あ、もしもし、鈴木様の携帯でしょうか。私、ABC リース(※1)の森田と申します。昨日メールでご依頼のありました、ファックスの交換の件で、お電話いたしましたが、またのちほど、お電話させていただきます。失礼いたします。 メッセージを聞いた人は、どうすればいいですか。 1 相手からのファックスを待つ 2 相手に電話をかけなければならない 3 相手にメールをしなければならない 4 相手から電話がかかるのを待つ

(※1) ヤマダ工務店　ヒガシ印刷　東京デザイン　日本通信　ABC リース：会社の名前

(※2) 見積書： estimate, price quotation　报价单　견적서

(※3) 打ち合わせ： meeting (with a customer, colleague)　碰头会　회의，협의

(※4) 接客する： to meet a visitor　有客人　접객한다

5　病院・いろいろな店で

(p.47)

	こたえ	スクリプト
1番 CD1 62	4	男の人が店の人と話しています。男の人は、何を注文しましたか。 女：いらっしゃいませ、こんにちは。こちらでお召し上がりですか、お持ち帰りですか。 男：あ、ここで。 女：こちら、メニューでございます。ただ今、新商品のチキンバーガーセットがお得になっております。 男：あ、チーズバーガーとコーヒー。 女：チーズバーガーがお1つ、コーヒーがお1つ。コーヒーはアイスとホットがございますが。 男：ホット。 女：はい、かしこまりました。ご一緒に、フライドポテトはいかがでしょうか。 男：いえ、いいです。 女：では、お先にお会計失礼します。消費税(※)込みで、390円でございます。…ありがとうございました。ごゆっくりお召し上がりください。 男の人は、何を注文しましたか。
2番 CD1 63	3	男の人が看護師と話しています。看護師の説明と合うものはどれですか。 女：じゃあ、明日は胃の検査ですからね、朝10時に来てください。今夜9時からは、食べたり飲んだりしないように。 男：え、今夜からもう、食べられないんですか。 女：つらいわねえ。今日はもう早く寝ちゃったら？ 男：お茶ならいいですか。 女：お茶も水も飲んじゃいけませんよ。 看護師の説明と合うものはどれですか。

(※) 消費税：consumption tax, sales tax　消费税　소비세

	こたえ	スクリプト
3番 CD1 64	1	男の人がＤＶＤを借りようとしています。男の人は、いつＤＶＤを返す予定ですか。 女：新作が１枚、こちらのご利用は(※1)… 男：あ、それ、新作かぁ、いくらですか。 女：当日ですと、旧作と同じ 350 円ですが、明日のご返却は 400 円、あさってが 500 円と、100 円増しになっていきますが…(※2)。 男：そうなんだぁ、じゃ、明日…あ、だめだ、明日は来られないな。あさって…あさってだと高いなぁ…やっぱり、今日持ってきます。こっちは、１泊でも１週間でも、同じだったよね？ 女：はい。では、こちらの３枚は１週間、新作のほうは当日でよろしいですか。 男：はい。 女：では、ＤＶＤ４枚に消費税で、1470 円でございます。ありがとうございました。 男の人は、いつＤＶＤを返す予定ですか。 1　１枚は今日、３枚は１週間以内に返す 2　１枚は明日、３枚はあさって返す 3　３枚は今日、１枚は１週間以内に返す 4　４枚とも１週間以内に返す

（※1）ご利用は：いつまで利用しますか＝いつまで借りますか

（※2）100 円増しになっていく＝ 100 円ずつ高くなる

6　まとめ問題

(p.48 ～ 50)

問題 I

(p.48)

	こたえ	スクリプト
1番 CD1 65	2	電車の中のアナウンスです。アナウンスになかったものはどれですか。なかったものです。 女：毎度ご利用くださいまして、ありがとうございます。お客様に、車内のご案内を申し上げます。この電車は、6両編成(※)で、前から1号車、2号車、3号車の順になっております。お手洗いは、1号車、3号車、5号車に、お飲み物の自動販売機は4号車にございます。なお、全席禁煙となっております。おたばこは、6号車の喫煙室をご利用ください。 アナウンスになかったものはどれですか。
2番 CD1 66	2	デパートのアナウンスです。お客さんは、どうすればいいですか。 アナウンス：お客様にお知らせいたします。ただ今、地震が発生いたしましたが、この建物は、安全です。安心して、お買い物をお楽しみください。 お客さんは、どうすればいいですか。
3番 CD1 67	1	天気予報が聞こえてきました。関東地方山沿いでは、何に注意が必要ですか。 アナウンサー：今日は西日本は曇りですが、九州、沖縄、北海道は晴れ、関東から北は、午前中曇り、朝のうち、弱い雨のところもありますが、午後から晴れるでしょう。関東地方、午後は、山沿いを中心に雷をともなった激しい雨が降るところがあります。また、海にお出かけの方は、波がやや高くなりますので、ご注意ください。昨日、大雨の降った新潟、三重も、今日は曇り、明日からは晴れるでしょう。沖縄地方、台風9号が近づいています。海沿いでは、夜には波や風が強くなるでしょう。 関東地方山沿いでは、何に注意が必要ですか。

(※) 6両編成： six-car train　6 节车厢　6 차량 편성

問題Ⅱ

(p.49)

	こたえ	スクリプト
1番 CD1 68	4	男の人が病院で検査を受けています。男の人は、これから何をしますか。 看護師：血液検査は… 男：　あ、わかります、前に行ったから。…でも、レントゲンは初めてだから…。 看護師：じゃあ、これ、案内図です。ここをこう行って…ここね。 男：　ああ、はいはい。わかりました。 看護師：レントゲン撮ったら写真もらって、もう一度ここに戻ってきてください。先生から説明がありますから。 男：　わかりました。 男の人は、これから何をしますか。
2番 CD1 69	1	留守番電話のメッセージを聞いています。これを聞いた人は、どうすればいいですか。 男：みどり図書館です。予約されていた本のご用意ができました。お取り置き(※)は、1週間となっておりますので、来週の火曜日までにご来館ください。 これを聞いた人は、どうすればいいですか。
3番 CD1 70	3	男の人と女の人が何かを見ながら話しています。男の人は、どうして困っているのですか。 男：あ、ちょっと、すみません。これ、何ですか。 女：どれ？ あ、この日までにこれ持って、ここ行かないと。え、今日じゃないの？ 男：レンタルショップ？ 女：そうそう、今日で切れちゃうからね。手続きしないと借りられなくなるの。 男：無料って書いてありますよね。 女：ああ、それは手続きしたら、ＤＶＤ１枚か、ＣＤ１枚が無料になるんだって。手続きには300円必要みたいよ。 男：今日はちょっと…。 女：私が行ってきてあげようか…あ、だめだ、本人って書いてある。 男：困ったなあ…。 男の人は、どうして困っているのですか。

(※) お取り置き： to be held on reserve, to be set aside　预存　챙겨 두어 보관하는 것

問題Ⅲ

(p.50)

	こたえ	スクリプト
1番 CD1 71	1	先生と学生が話しています。 男：あ、先生、すみません、遅くなって。電車が止まっちゃったんです。 女：ええ、中央線でしょ？　聞きました。 男：地震があったとか言ってましたけど…。 女：え？　地震じゃないでしょ？ 男：でも、じしんじこ…地震で、事故？ 女：ああ、地震じゃなくて、人身事故(※1)でしょ。だれかがホームから落ちたそうですよ。 学生は、なぜ遅刻しましたか。 1　電車の人身事故のため 2　電車が地震で止まったため 3　電車でけがをしてしまったため 4　人身事故を地震と間違えたため
2番 CD1 72	2	男の人と女の人が電話で話しています。 女：はい、今田電気(※2)でございます。 男：高木だけど。 女：あ、課長、おはようございます。どうかなさったんですか。 男：子どもが熱出しちゃって、ちょっと病院連れていかなきゃいけないんだ。 女：あら、奥さまは？ 男：今日の午後帰ってくるんだけど、家内のお父さんが病気で京都へ帰ってて…。 女：大変ですね。 男：で、午後から出るからって、部長に…よろしく。 女：わかりました。お伝えします。 女の人は、部長に何と言いますか。 1　高木さんは午後から病院へ行く 2　高木さんは午前中休む 3　高木さんは今日来られない 4　高木さんは京都へ帰っている

(※1) 人身事故：accident (involving personal injury or death)　撞人事故　인신사고

(※2) 今田電気：会社の名前

第4章　いろいろな内容を聞きましょう

1　人や物のようす

(p.53)

	こたえ	スクリプト
1番 CD2 2	3	男の人と女の人が写真を見ながら話しています。女の人のお母さんはどの人ですか。 男：この人、君のお母さんだよね。なんだかイメージが違うね。やせた？ 女：ダイエットもしたみたいだけど、最近メガネを変えたのよ。メガネが小さいと、老けて見えるんじゃないかって言って…。白髪も染めて、花柄の派手な服ばかり選んで、お母さん、年を取ってきたことを、かなり気にしているのよねえ。 男：若く見えるし、いいんじゃない？ 女の人のお母さんはどの人ですか。
2番 CD2 3	3	女の人が男の人の家に行きました。男の人の家にあるソファーはどれですか。 女：ソファー、新しいの買ったの？ かっこいい。高かったでしょう。 男：いや、中古だからそれほどでもなかったよ。 女：えー、新品じゃないのー？ りっぱ(※1)だし、落ち着いたいい色(※2)じゃない。黒に見えるけど、濃いブルーの柄よね。 男：うん、ブルーだよ。でも、ぼくは本当は無地で白っぽいのがほしかったんだけどね。 男の人の家にあるソファーはどれですか。
3番 CD2 4	1	男の人がセーターを選んでいます。男の人が気に入ったものはどうでしたか。 男：　ねえ、これでもう少し大きいのはないの？ 店員：それはフリーサイズになっておりますので、ワンサイズしかないのですが…。 男：　あ、そう…。 店員：あの、こちらのでしたら、ＬＬまでサイズがありますが…。 男：　それかー、デザインがあんまり…それにこの色が気に入ったんだけど。 店員：そうですねえ、その色があるのは、そのタイプだけになっておりますので…。 男：　うーん、じゃ、いいや。また、今度にします。 男の人が気に入ったものはどうでしたか。 1　小さすぎた 2　大きすぎた 3　好きな色がなかった 4　フリーサイズではなかった

(※1)　りっぱな：nice, good looking, fine　漂亮的　상태가 좋거나 멋진

(※2)　落ち着いた色：cool, soothing color (not flashy)　稳重的颜色　화려하지 않고 안정된 색

2　場所・方向・位置

(p.55)

	こたえ	スクリプト

1番　CD2 5　**こたえ：4**

女の人が電話で男の人と話しています。男の人の家は、どこですか。

女：もしもし、今駅に着きました。
男：あ、そう。じゃ、駅前の道をまっすぐ行ってね、突き当たり(※1)を右に曲がって。
女：はい、突き当たりを右ですね。
男：そう。それから2つ目の信号の少し手前に道があるんだけど、そこを左に入って。それからね、曲がって少し行ったところに、左にコンビニがあるんだけど、その向かいが、ぼくの家なんだ。2つ目の信号の手前の道を左だからね。間違えないようにね。
女：わかりました。あのう、何分くらいかかりますか。
男：だいたい、5分ぐらいかな。

男の人の家は、どこですか。

2番　CD2 6　**こたえ：3**

男の人と女の人が話しています。男の人の買った本は、どこにありますか。

男：ちょっと、この間買った本、どこにある？
女：本棚にしまったけど、確か、上から2段目、右のほう。
男：上から2段目ね…。
女：あ、左のほうかもー。
男：左のほうね…ないよ…あ、あった！　もう1段下じゃないかー。

男の人の買った本は、どこにありますか。

3番　CD2 7　**こたえ：4**

会社で、仕事が終わりました。みんなで行く居酒屋は、どこにありますか。

男：さあ、仕事も終わったし、久しぶりに飲みに行こうか。花屋のとなりにできた居酒屋(※2)にしようか。
女：花屋のとなり？　え？　どこですか。
男：えーっと、100円ショップの向かいの。ほら、花屋と本屋の間に新しくできた居酒屋だよ。
女：ああ、わかりましたー。前はイタリアンレストランだったところですね。あのー、私、ちょっと、電話するところがありますから、皆さん先に行ってください。
男：了解。じゃ、みんな、行くぞー。

みんなで行く居酒屋は、どこにありますか。

1　イタリアンレストランの向かい　　2　100円ショップのとなり
3　花屋の向かい　　4　本屋のとなり

(※1)　突き当たり：at the end of (the street, hall)　尽头　막다른 곳

(※2)　居酒屋：traditional Japanese style pub　小酒馆　이자카야 (선술집)

第4章　いろいろな内容を聞きましょう

3　数・数字・計算

(p.57)

	こたえ	スクリプト
1番 CD2 8	4	男の人と女の人が話しています。男の人は、いつまた女の人を訪ねますか。 男：ではもう一度お伺いしますが、いつがよろしいですか。 女：えーっとね、月末は忙しいから、来月に入ってからなら。 男：そうですか。では、来月の８日はどうでしょうか。 女：８日ね…。あ、だめだわ。その日は予定が入ってるの。１週間、先にしてくれる？ 男：わかりました。じゃぁ… 男の人は、いつまた女の人を訪ねますか。
2番 CD2 9	4	女の人が話しています。この人の今の体重は、何キロですか。 女：ダイエットしてたのに、この休み中に３キロも太っちゃった。50キロまであと１キロだったのにー。あーあ、難しいよね、ダイエットって。 この人の今の体重は、何キロですか。
3番 CD2 10	2	男の人と女の人が話しています。全部で何人来ますか。 女：あのー、今日、全部で何人来るんでしょうか。 男：えーと、15人の予定だったけど、今朝１人来られないって言ってたから、１人引いて…。 女：あのー、昨日確か、１人増えるっておっしゃってましたよね。 男：そう、林さんね、数に入ってるよ。 全部で何人来ますか。 1　13人 2　14人 3　15人 4　16人

4　順序・比較

(p.59)

	こたえ	スクリプト
1番 CD2 11	1	学生がテストの結果について話しています。テストの結果はどれですか。 女：この間、学校でテストがあったでしょ。結果、どうだった？ 男：ひどかった。全然勉強しなかったから。 女：でも、漢字は得意だから、漢字のテストはよかったんじゃない？ 男：まあ、これもひどかったよ。とにかく、文法が一番悪かった。聞くテストのほうは、思ったほど悪くなかったんだ。でも、もちろん、漢字よりは点数は低いけどね。 女：そう、じゃあ、次のテストのために、文法をしっかり勉強しないと。 男：そうなんだ。今度こそ、がんばらないと。 テストの結果はどれですか。
2番 CD2 12	2	男の人と女の人が話しています。2人は、映画に行く前にどこに行きますか。 女：悪いけど、映画に行く前に、郵便局に寄ってくれない？　このはがき、出したいの。あ、お金も下ろさなくちゃ。郵便局のあと、銀行にも寄って。 男：えー？　そんなに寄ってる時間ないよ。駅前のコンビニでいいんじゃないの？　ポストあるし、ＡＴＭ(※1)もあるだろ？ 女：あ、そうね。 2人は、映画に行く前にどこに行きますか。
3番 CD2 13	3	会社で、男の人が女の社員に会議のことで話しています。女の社員は、このあとまず何をしますか。 男：これ、午後の会議で使うから、10部ずつコピーしといて。その前に、文字とかの間違いがないか、見直しといて(※2)くれるかな。それから、始まりの時間が、30分遅くなったこと、全員に連絡入れてくれたよね？ 女：はい、入れておきました。 女の社員は、このあとまず何をしますか。 1　会議に出席する 2　書類をコピーする 3　書類のチェックをする 4　時間が変わったことを連絡する

(※1)　ＡＴＭ：ATM (automated teller machine)　自动取款机　현금 자동 입출기

(※2)　見直す：to look over/review (and check for mistakes, problems)　重看　다시 보다，재점검하다

第4章　いろいろな内容を聞きましょう

5　まとめ問題

(p.60 ～ 62)

問題 I

(p.60)

	こたえ	スクリプト
1番 CD2 14	2	学校で、先生が今度のハイキングについて話しています。先生の指示どおりにしてきたのは、どの生徒ですか。 先生：当日は、スニーカーじゃなくてもかまいませんが、普段(※1)から慣れている歩きやすい靴をはいてきてください。バッグは、両手が空くような、肩や背中にかけられるものにしましょう。帽子は必要です。じゃ、今からバッジ(※2)を配ります。これは左胸(※3)に見えるようにつけてください。じゃ、時間には絶対に遅れないように。 先生の指示どおりにしてきたのは、どの生徒ですか。
2番 CD2 15	1	女の人が肉屋で買い物をしています。このあと、女の人はいくら払いますか。 女：すみませーん。100g 400 円のすき焼き用の肉を、200g ください。 男：はい、200g ですね。お客さん、今日、1000 円以上お買い上げの場合(※4)、10% 引きですよ。 女：あ、そう。じゃあ、300 にしようかしら。 男：はい。300 だと、1080 円になります。 女：えっと、ちょっと待って。300 はいらないから…、250g にするわ。それだとちょうど 1000 円よね。 このあと、女の人はいくら払いますか。
3番 CD2 16	3	男の人と女の人が、映画館の前で話しています。男の人は、これから何をしますか。 男：映画、始まるまでずいぶん時間があるね。コーヒーでも飲んでからにする？ 女：あ、私、ちょっと買いたいものがあるから、となりのデパート寄っていい？すぐ終わるから。 男：じゃあ、付き合うよ。…あーっ！ 大変だー！ これ、会社に置いてこないといけなかったんだ。すぐ戻ってくるから、買い物が終わったら、そこのコーヒーショップで待ってて。 女：えー！ んーもう、間に合うの？ 男：タクシーで行ってくる。地下鉄だと乗り換えが面倒だし。 女：だめだめ、道混んでて、かえって(※5)時間がかかるよ。 男：そうだね。乗り換えがあっても、そのほうが早いか。 男の人は、これから何をしますか。

(※1) ふだん：on a daily basis, normally　平时　평소

(※2) バッジ：name tag, badge　胸章　뱃지

(※3) 左胸：left breast, left chest　左胸　왼쪽 가슴

(※4) お買い上げの場合＝買った場合

(※5) かえって：instead, but rather　反而　오히려

問題Ⅱ

(p.61)

	こたえ	スクリプト
1番 CD2 17	2	**男の人が駅から女の人に電話をしています。女の人の家は、どこにありますか。** 男：もしもし、あのー、今、駅に着きました。A４出口の改札口を出たところです。すみません。道、忘れちゃって…。向かいがレストランだったということと、マンションの３階ということしか覚えていなくて…。 女：あ、そのレストラン、つぶれちゃったのよ(※1)。今、コンビニになっているの。とにかく、改札口を出たところの前の道を左に行ってね。１つ目の角を左に曲がって、100 mほど行ったところ。右側５階建てのマンションよ。玄関で、301号室、呼び出してね(※2)。 男：はい、わかりました。 **女の人の家は、どこにありますか。**
2番 CD2 18	2	**女の人が、父親からもらった財布について、母親と話しています。女の人は、どうしてその財布を使わないのですか。** 母：あら、まだ古い財布を使っているの？　この間、お父さんにいいのを買ってもらったじゃない。 娘：うん、なんだか、もったいなくて(※3)。白いから、汚れちゃうんじゃないかと思うとね。それに、せっかく(※4)スマートな形なのに、いつも入れているものを入れちゃうと、厚くなっちゃってかっこ悪くなっちゃうと思うと…。それに、学生なのに、あんなに高い財布を持っていると、なんだか似合わない気がして。でも、使わないと、お父さん、気を悪くしちゃう(※5)かもね。 **女の人は、どうして父親からもらった財布を使わないのですか。**

(※1) つぶれる：to go out of business, to fold (company)　倒闭　망하다

(※2) 呼び出す：to call someone (over the intercom, etc.)　呼叫　호출 , 불러냄

(※3) もったいない：a waste, undeserving, too good for　可惜　아깝다

(※4) せっかく：go through (all the trouble), to go out of the way (to do something nice for someone), even though (it's nice)　好不容易　모처럼

(※5) 気を悪くする：to offend, to hurt one's feelings　不高兴　기분을 상하게 하다

	こたえ	スクリプト
3番 CD2 19	3	会社で、男の人と女の人が書類について話しています。女の人は、これから書類をどうしますか。 男：山下さん、例の書類、みなみ商事(※1)の田中さんに送っといてくれた？ 女：いいえ、間違いがあって、直すとかおっしゃっていたので、まだですが。 男：あ、そうだったね。それを先にしないといけなかったんだ。明日までに送ると言ったんだけど、これから訂正してすぐに送ったら、間に合うかな。 女：あの一、ついでがありますから(※2)、午後、みなみ商事にお届けしましょうか。 男：あ、そう。悪いね。じゃ、今すぐ、やってしまうから、お願いするよ。 女：わかりました。では、田中さんに電話を入れておきます。 女の人は、これから書類をどうしますか。

（※1） みなみ商事：会社の名前

（※2） ついでがある：to have the time/opportunity to do something (while running errands or doing other work, etc.)
得便　겸사겸사 해서 볼 일이 있다

問題Ⅲ

(p.62)

	こたえ	スクリプト
1番 CD2 20	1	留学生が、日本の気候について話しています。 女：私は、一年中暑い国から来ましたが、日本の夏のほうが、気温が低いのに、暑く感じられます。日本人の友達が、去年のほうがもっと暑かったって言っていますが、信じられません。私は、半年前に日本に来ましたが、そのときは、雪が降っていて、すごく寒かったです。日本は、寒いときと暑いときの差が激しいですね。でも、私は、そういう季節がはっきりしているところが、気に入っています。春の桜は、本当にきれいだったし、秋が来るのも楽しみです。 この留学生は、日本の気候のことをどう思っていますか。 1　季節がはっきりしているところが好きだ 2　自分の国より気温が高いのは信じられない 3　夏や冬は嫌だが、春と秋はいい 4　冬の寒さより、夏の暑さのほうが厳しい
2番 CD2 21	2	引っ越しをして、男の人と女の人が話しています。 女：ねえ、この本棚は、やっぱりここよね。 男：うん。そうだね。えーと、テレビは、ここに置いて…よいしょっ。 女：え？　角じゃないほうがいいんじゃない？　テレビ台もコーナー用じゃないし。 男：でも、電源(※1)がここだし、やっぱり角だよ。電話はどこに置く？ 女：あなたの机の上でいいんじゃない？　電話はほとんどファックスにしか使っていないでしょ？　私はファックスはほとんど使わないし。ね、それより、やっぱりテレビ、こっちの壁側(※2)にしたほうがいいわよ。なんだか、見にくいし。 男：えー？　ここでいいよー。プリンターは、この棚の上でいいよね。このプリンター大きくて、机の上に置けないから。 男の人と女の人は、何について意見が合いませんか。 1　プリンターの大きさ 2　テレビの置き場所 3　電話の使い方 4　テレビ台の形

(※1)　電源：power outlet/socket (can also mean "power", "power supply", or "electricity")　电源　전원

(※2)　壁側：by/along/next to the wall　靠墙　벽 쪽

第5章　総まとめ問題

(p.64 ～ 71)

問題Ⅰ

(p.64 ～ 66)

	こたえ	スクリプト
1番 CD2 22	4	電車のホームで、男の人と女の人が話しています。洋子さんの弟は、どの子ですか。 女：あの子たち、ふざけていて(※1)危ないよね。あ、あの子、洋子の弟よ。 男：え？ どの子？ 女：ほら、あの、黄色いシャツの半そでの子。 男：ああ、傘さしてる子？(※2) あー、危ない。 女：違う違う、かばんの取り合い(※3)をしている子よー。 洋子さんの弟は、どの子ですか。
2番 CD2 23	1	男の人と女の人が話しています。男の人は、明日何時ごろ家を出ますか。 女：明日の飛行機、何時？ 男：えーと、16時半出発。 女：国際線だから、2時間前には着いておかないとね。えーと、空港までここから2時間かかるとして… 男：そんなにかからないよ。今、電車、速いのがあるし。1時間半あれば十分だよ。 男の人は、明日何時ごろ家を出ますか。
3番 CD2 24	2	女の人と男の人が話しています。男の人は、このあと何をしますか。 女：もしもし、メール送ったんだけど、読んだ？ 返事ないから…。 男：え？ 知らない。シャワー浴びてたから…。あ、来てる…電車遅れたのか…。で、今どこ？ 女：駅に着いたとこ。バス、目の前で(※4)行っちゃって…。次のにするから…。 男：迎えに行こうか？ 女：いい、いい。それより、悪いけど、ご飯炊いて、お湯沸かしといてくれない？ 男：お湯はさっき沸かした。ご飯って、お米洗うの？ 女：ううん、炊飯器のスイッチ入れるだけ。ごめんねー、8時半には着くと思う。 男の人は、このあと何をしますか。

(※1) ふざける：to mess around, to goof off　开玩笑　장난치다

(※2) 傘をさす：with an umbrella (opened) / to open an umbrella / to have an umbrella (and walk with it opened)　打伞　우산을 쓰다

(※3) 取り合い：fight/wrestle over an object　抢夺　서로 빼앗다

(※4) 目の前：right in front of, before one's very eyes　眼前　눈앞

	こたえ	スクリプト
4番 CD2 25	3	動物園の窓口で、男の人が係の人と話しています。男の人は、いくら払いますか。 男：　大人2人と子ども2人ですが、いくらになりますか。 係の人：大人の方は、1人1000円になりますが、お子様はおいくつですか。 男：　10歳と1歳です。 係の人：お子様は、12歳までは500円で、3歳以下は無料になっておりますので。 男の人は、いくら払いますか。
5番 CD2 26	2	母親から留守番電話にメッセージが入っていました。母親は、このあと何をしますか。 母：もしもし、由美？　お母さんだけど。今日、バイトの帰りに、おばあちゃんのところに寄ってくれない？　今ね、おばあちゃんから電話がかかってきて、りんごをたくさんもらったから取りに来いって。お母さん、さっきから調子が悪いから、これから、病院へ行ってこようと思って。おばあちゃん、明日は友達の家に行くから、今日中にだって。お願いね。あ、行く前に、今から行くって電話してね。 母親は、このあと何をしますか。
6番 CD2 27	3	夫婦が話しています。2人は、これから何をしなければなりませんか。 妻：ねえ、これ、修理に出さないと(※1)。 夫：そうだねえ。自分ではできないからなあ。でも、修理に出すっていっても、買ったのは旅行先(※2)だったし…。買ったところか、メーカーに問い合わせないと(※3)いけないなあ。 妻：そうねえ…。レシート、もらわなかったのよね。店の名前も覚えていないし…。 2人は、これから何をしなければなりませんか。

(※1) 修理に出す：send off for repair, to have something fixed　送去修理　수리하기 위해 맡기다

(※2) 旅行先：vacation destination, holiday destination　旅游目的地　여행처

(※3) 問い合わせる：to inquire, to ask　询问　문의하다

問題Ⅱ

(p.67 ～ 68)

	こたえ	スクリプト
1番 CD2 28	3	男の人と女の人が話しています。どうして見たい番組が録画できなかったのですか。 女：ねえ、何これ。 男：え？ 女：これ、違う番組よ。 男：ちゃんと録画予約(※1)したんだけどなあ。 女：設定(※2)間違えたんじゃない？ 男：今日の午前１時から１時半、７チャンネルだろ？ 女：ええ？ 昨日でしょ！ 昨日の夜でしょ？ 男：何言ってんだよ。夜中の１時ってことは、今日だよ。 女：あ、そうか。いいのね。じゃあ、どうして？ 男：あ、これ、前の番組だよ。あー！ 野球の試合のせいだ。延びたんだよ(※3)。だからだ。 女：あーあ。 どうして見たい番組が録画できなかったのですか。
2番 CD2 29	1	男の人と女の人が話しています。女の人はどうして怒っていますか。 女：最近、釣りにはまってるんだって(※4)？ 男：うん、昨日もよく釣れて楽しかったよ。 女：じゃ、昨日の晩ご飯は、お刺身？ 男：いや、ぼくは釣るだけなんだ。食べたりしないよ。かわいそうだろ。 女：えー！ 何言ってるの！ どっちがかわいそうなのよ。ありがとうって言って食べてあげたらいいじゃない。逃がしてやっても(※5)、遊ばれたあとじゃ、弱って、すぐに死んじゃうわよ。逃がせばいいなんて考え方おかしいわよ。あなたにとって遊びでも、魚にとったら、生きるか死ぬかの戦いなのに、ひどい！ 女の人はどうして怒っていますか。

(※1) 録画予約：to set the TV (recorder) to record a program　录像预约　녹화 예약

(※2) 設定：setting(s)　设定　설정

(※3) 延びる：to run over time (TV show, sports match), to extend (schedule, allotted time)
推迟　(시간이) 길어지다

(※4) はまる：to be into something (activity, interest, etc.)　着迷　푹 빠지다

(※5) 逃がす：to let go, to let something escape/get away　放跑　놓아주다

第五章

	こたえ	スクリプト
3番 CD2 30	2	男の人と女の人が話しています。男の人は、どのような方法でお金を返しますか。 女：ねえ、この間のお金、いつ返してくれるの？ 男：ごめん。来月から、少しずつ返そうと思ってたんだけど…。 女：ええ？ ボーナス出たんでしょ？ 男：あ、いやー、ボーナス払いでいろいろ買っちゃったから…半分ならなんとか。 女：えーっ！ そんなの困るー。まとめて返してよー。 男：申し訳ない。残りは来月の給料日には必ず。 女：もう！ しょうがないなあ。じゃ、来月絶対よ。だれかに借りてでも返してよね。 男の人は、どのような方法でお金を返しますか。
4番 CD2 31	3	男の人が話しています。男の人は、電車で自分の座っている席の前にお年寄りが立ったとき、いつもどのようにしますか。 男：前は、よく眠ったふりをしていました(※1)。次の駅で降りるふりをして、他の車両に行ったこともありました。すぐに席をゆずりたいんです。でも、緊張してしまって、なんて声をかけようかとか(※2)、そのあとどうしようかとか、断られたら(※3)恥ずかしいとか、いろいろ考えているうちに、そのまま何もできなくて…。 男の人は、電車で自分の座っている席の前にお年寄りが立ったとき、いつもどのようにしますか。
5番 CD2 32	4	ホテルの受付で女の人が係の人と話しています。女の人は、どの部屋に泊まりますか。 男：お部屋は、8階の819号室で、こちらが鍵になっております。 女：あのー、これ、海側の部屋ですよね。 男：いいえ、あ、海側をご希望でしたか。 女：はい、予約するときに言ったんですけど…。 男：申し訳ございません。少々お待ちくださいませ。お調べします。…えーと、今、同じ階に1つ海側の部屋が空いていますが、洋室でして…。 女：和室のほうがいいんですけど、他は空いていないんですか。 男：申し訳ございません。和室は、6階に空いているところがあるのですが、あいにく山側でして…。 女：あ、そう…じゃ、しかたないわね。この部屋でいいです。 女の人は、どの部屋に泊まりますか。

(※1) ふりをする：to pretend, to act as if...　装作　~한 척하다

(※2) 声をかける：to speak to, to call out to　打招呼　말을 걸다

(※3) 断る：to decline (an offer, request), to refuse　拒绝　거절하다

問題Ⅲ

(p.69)

	こたえ	スクリプト
1番 CD2 33	1	店員と客が話しています。 男：お決まりでしたら、お伺いいたしますが。 女：あ、すみません、あとから1人来ることになってるんで、待ってもらえませんか。 男：かしこまりました(※1)。 … 男：お水のおかわり(※2)はいかがですか。 女：すみません。 男：お連れ様、お見えになりませんね(※3)。何かお飲み物をお持ちしましょうか。 男の人は、何がしたいのですか。 1　女の人に何か注文してもらいたい 2　女の人に帰ってもらいたい 3　女の人にもう少し待ってもらいたい 4　女の人にお水を飲んでもらいたい
2番 CD2 34	1	夫婦が話しています。 女：今度の土曜日、ゴルフ行くの？ 男：そのつもりだけど…。 女：天気、悪いんじゃない？ 男：ちょっとぐらいなら平気だよ。 女：雨に濡れるのって、体に悪くない？　風邪ひいちゃうんじゃない？ 男：え？　なんなの？　行っちゃいけないの？ 女：そういうわけじゃないけど…。セールだって、今度の土曜日。ゴルフウエア(※4)とか…。 男：なんだ…そういうことか。君の洋服とか靴とかね。はいはい、それは行かなくちゃな。 女：やったー！ 女の人は、男の人に何をさせたいのですか。 1　一緒にセールに行ってほしい 2　ゴルフウエアを買わせたい 3　体を大切にしてほしい 4　少しぐらいの雨ならゴルフをさせたい

(※1)　かしこまりました：Understood/I understand. (polite expression of acknowledgement when responding to a superior, customer, etc.)　知道了　잘 알겠습니다

(※2)　おかわり：to have seconds, to have another helping　再来一份儿　같은 음식을 더 먹는 것

(※3)　お見えになる：to arrive (polite expression used to indicate someone has arrived)　来　오시다

(※4)　ゴルフウェア：golf attire, golf apparel　高尔夫球衣　골프복

	こたえ	スクリプト
3番 CD2 35	4	男の人が話しています。 男：最近、ネットなんかでゲームをしている人の中には、ゲームの世界で生きているような人がいますよね。そこで知り合った人と本当に結婚したりして…。ゲームの世界と現実の世界の区別がつかなくなっているようで、なんか怖いですね。ぼくも、ひまなときテレビゲームをしますが、ただ楽しむんです。仕事の関係で、そのゲームがどんな風に作られているのかって考えたりすることがないこともないんですけど…。まあ、普通はただ何も考えずに、ひまつぶし(※)というか、おもしろいからする、楽しむんです。そういうもんじゃないですか、ゲームって…。遊びですよね。 男の人にとって、ゲームはどういうものですか。 1　人と知り合うためのもの 2　仕事に役立てるもの 3　現実と区別できないもの 4　遊びとして楽しむもの

(※) ひまつぶし：killing time　消磨时间　심심풀이

問題Ⅳ

(p.70)

	こたえ	スクリプト
1番(ばん) CD2 36	3	お客(きゃく)さんが帰(かえ)ります。何(なん)と言(い)いますか。 1　いらっしゃいませ。 2　どうぞご遠慮(えんりょ)なく。 3　またお越(こ)しください。
2番(ばん) CD2 37	2	タクシーで目的地(もくてきち)の近(ちか)くに着(つ)きました。何(なん)と言(い)いますか。 1　その先(さき)の角(かど)で止(と)めさせてください。 2　その先(さき)の角(かど)で降(お)ろしてください。 3　その先(さき)の角(かど)で降(お)りてくださいませんか。
3番(ばん) CD2 38	2	全部(ぜんぶ)は食(た)べられません。何(なん)と言(い)いますか。 1　残(のこ)ればよろしいですか。 2　残(のこ)してもかまわないですか。 3　残(のこ)ってよくないですか。

問題Ⅴ

(p.71)

	こたえ	スクリプト
1番 CD2 39	1	早くしないと、遅れちゃうよ。 1　ほんとだ、急がないと。 2　遅いと困るんだー。 3　急いでも早くならないよ。
2番 CD2 40	2	ご連絡先、お伺いしてもよろしいですか。 1　はい、電話でお願いいたします。 2　あ、名刺をお渡ししておきます。 3　住所も電話番号も知らされていないんです。
3番 CD2 41	3	お母さん、お元気？ 1　うん、けっこうだよ。 2　うん、こちらこそ。 3　うん、おかげさまで。
4番 CD2 42	2	雨、降ってきたから、タクシーで行こうよ。 1　そうだね、傘さそうか。 2　そこだから、歩いて行こうよ。 3　でも、バスは混んでるよ。
5番 CD2 43	1	ごはん、できましたよー。 1　今、行きまーす。 2　まだ、いただきます。 3　ごちそうさまー。
6番 CD2 44	3	この書類、明日までに仕上げないといけませんか。 1　今日の、午後にしようか。 2　ああ、間に合わなかったね。 3　明日の会議に使うからね。
7番 CD2 45	1	遅くなってすみません。途中、事故にあって…。 1　よかったよー。間に合って。 2　大変なことをしましたね。 3　大したものじゃありませんよ。